DE LANDRIAN

L^{3} m ∫ 26

MAISON

DE LANDRIAN.

NANCY, TYPOGRAPHIE DE VEUVE A. DARD.

MAISON DE LANDRIAN
EN LORRAINE

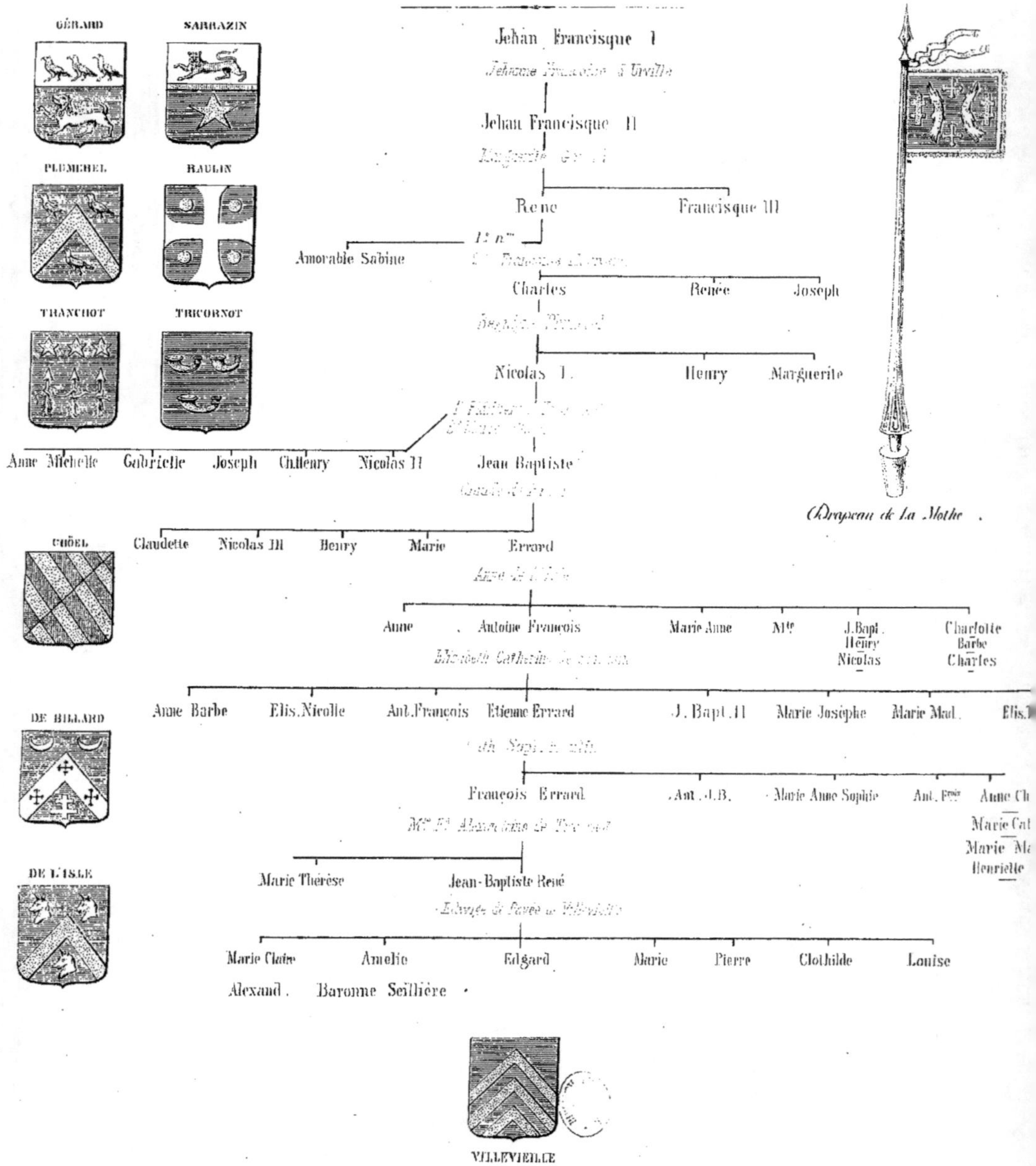

Jehan Francisque I

Jehan Francisque II

René — Francisque III

Amorable Sabine

Charles — Renée — Joseph

Nicolas I. — Henry — Marguerite

Anne Michelle — Gabrielle — Joseph — Ch.Henry — Nicolas II — Jean Baptiste

Claudette — Nicolas III — Henry — Marie — Errard

Anne — Antoine François — Marie Anne — Mte — J.Bapt. Henry Nicolas — Charlotte Barbe Charles

Anne Barbe — Elis.Nicolle — Ant.François — Etienne Errard — J. Bapt. II — Marie Josèphe — Marie Mad. — Elis.

François Errard — Ant. J.B. — Marie Anne Sophie — Ant. Fçois — Anne Ch. Marie Cat. Marie Ma. Henriette

Marie Thérèse — Jean-Baptiste René

Marie Claire — Amélie — Edgard — Marie — Pierre — Clothilde — Louise

Alexand. — Baronne Seillière

GÉRARD   **SARRAZIN**

PLUMCHEL   **RAULIN**

TRANCHOT   **TRICORNOT**

CHOEL

DE BILLARD

DE L'ISLE

Drapeau de La Mothe

VILLEVIEILLE

MAISON
DE LANDRIAN

EN LORRAINE.

ANCIENNE CHEVALERIE.

NANCY

CAYON-LIÉBAULT, LIBRAIRE-ÉDITEUR, RUE STANISLAS, 10.

—

1863

AVANT-PROPOS.

Les généalogies des Maisons nobles et illustres consacrent non seulement des souvenirs, des traditions, des titres de famille, mais doivent être encore considérées comme de véritables archives historiques, où se retrouvent avec détails, nombre de traits qui ont place dans les annales d'un pays.

Par ces diverses considérations la Maison DE LANDRIAN, établie en Lorraine, a droit à une distinction particulière : sortie des très-illustres Marquis, Comtes De Landriani [1], Chevaliers Bannerets aux croisades, elle s'attacha à la fortune de nos ducs, dont l'un sur le champ de bataille de Marignan, avait remarqué Jehan-Francisque, le premier qui vint se fixer dans leurs États.

La plus rare modestie était égale au courage, aux vertus militaires, civiques et privées de cette race hardie des compagnons d'Antoine-le-Bon, de François I, et des vaillants capitaines de Charles-Quint. Plus jaloux qu'ils étaient d'accomplir leur devoir, ne le regardant que chose toute naturelle en soi, qu'avides de prompte renommée, ils se contentèrent d'avoir toujours agi avec franchise, servi avec loyauté, montrant partout un patriotisme vrai ; certains que la haute approbation morale de leurs contemporains ne leur ferait jamais défaut, et viendrait fortifier le témoignage de leur propre conscience.

Tantôt à la cour de Lorraine, ou siégeant au Conseil d'Etat, on voit les membres de la Maison de Landrian, suivre ses instincts militaires, en se groupant de préférence dans la fameuse forteresse de La Mothe, sur les confins de la Champagne, et boulevard du pays. Là, on les voit, s'allier aux familles les plus considérées, et toutes se retrouvent aux jours de dangers, pour en partager les périls, tenter de sauver et la fortune du prince et celle des sujets.

[1] La qualité de comte dans la maison de Landriano, remonte à une grande antiquité ; on la retrouve encore en 1399, et continuée en branches directes jusqu'à nos jours. Le pape Pie V, de cette maison, déclare que l'empereur Maximilien, aïeul de Charles-Quint, et ce dernier monarque ont consacré ses armoiries par diplômes, antérieurs à 1556, où se voit encore un autre titre également de Charles-Quint. Un de ses généraux, le comte Ambrosio, vivait en 1514, décoré des insignes nobiliaires de ses ancêtres. Landriano, ville située près de Milan, était un fief considérable.

Ainsi Nicolas de Landrian, Lieutenant au Gouvernement de La Mothe, fut-il honoré d'avoir défendu *à ses frais,* le poste qui lui avait été confié, contre les armées de Louis XIV. Il succomba après trois siéges, non sans gloire grande, en sauvant, comme le plus cher trésor, le drapeau de la ville détruite ; relique nationale, restée à Outremécourt, entre les mains de ses descendants, jusqu'aux orages de la fin du XVIIIe siècle ; jusque là, chaque année, ce drapeau avait été porté processionellement aux solennités.

Ces sentiments d'honneur et de dévouement à la Patrie étaient communs aux vieux Lorrains, entre eux il y avait cette solidarité qui a pour bases principales : la foi, le courage, l'honnêteté publique, la vertu enfin. Si *Nicolas de Landrian,* s'unit de préférence dans la famille Tranchot, c'est qu'un d'eux, s'était aussi montré sur les remparts de La Mothe, bombardé, et que depuis il avait levé à ses dépens et mené au combat, une compagnie d'infanterie, et équipé sur pied de guerre son frère. A côté d'eux nous apparaît, comme allié, la figure vénérable de Jean Héraudel, qui avait eu trois fils tués au service de Son Altesse le Duc de Lorraine, heureux, disait-il, d'en avoir encore trois autres sous les armes.

Ces traditions d'attachement au sol natal ne devaient pas se perdre : Claude De Billard, mère de *Nicolas III* et d'*Errard de Landrian,* vendra les biens qu'elle possédait en France, afin d'élever sa famille dans le pays Lorrain, non ailleurs, quoiqu'il fut dévasté, et en proie aux plus effroyables calamités. De nos jours, un grand homme, un héroïque soldat, un sublime citoyen, le général Drouot, a honoré de ses regrets la mémoire du chevalier de Landrian, « Nestor des armées Françaises. »

Ce précis généalogique qui résume avec clarté ce qui intéresse la filiation de la Maison de Landrian, doit aussi attirer l'attention des amis des souvenirs pieux du pays. Rien n'a été avancé que d'après les documents les plus authentiques, car par une bien rare occurence, tous les titres, depuis l'établissement de la maison de Landrian en Lorraine jusqu'à présent, existent dans leur intégrité.

Mars 1865.

J. Cayon.

DE LANDRIAN

GÉNÉALOGIE

DE LA MAISON

DE LANDRIAN

EN LORRAINE.

ANCIENNE CHEVALERIE.

———

Porte : *D'or, au château de sinople, maçonné de sable, flanqué de deux tours de même, crénelées, et en chef, une aigle éployée de sable, becquée, armée et diadémée de gueules, tenant ses serres sur l'une et l'autre tour ;* Cimier : *une aigle de l'écu ;* Supports : *deux aigles éployées de même ;* Timbre : *une couronne de comte.*

Ier DEGRÉ. Jean Francisque de Landrian.

En 1516, Antoine-le-Bon, duc de Lorraine, allié de François I, roi de France, ramena à sa suite, dans ses États, après la bataille de Marignan, plusieurs jeunes gentilshommes d'Italie, et qu'il attacha d'abord à sa personne, en qualité de pages. C'étaient les comtes *De Tornielli, De Chalani, De Ferrari,* et Johanne Francesco De Landriani [1], dont le nom se francisa, et qui fut la tige de la branche établie en Lorraine, sortie de l'illustre maison *De Landriani-Landriano,* dans le Milanais.

Cette origine se trouve d'abord rapportée dans un diplôme de Charles III, Duc de Lorraine et de Bar, de l'an 1558, indiqué comme se trouvant dans les titres de cette maison (voir aux Preuves). Elle est encore confirmée par sentence du Bailliage de Bassigny, en 1605, devant lequel ce titre fut invoqué, reproduit, et qui existe encore.

Jean Francisque De Landrian, Ier *du nom en Lorraine,* était, vers 1520, nommé capitaine de lansquenets, en garnison dans l'importante forteresse de La Mothe, rasée par les Français, en 1645, et dont le drapeau, vestige de la nationalité lorraine, fut, par une glorieuse coïncidence, tenu haut et ferme, jusqu'à la fin, par un de ses arrière-descendants [2] :

Jean Francisque jouissait particulièrement de la faveur du prince, qui l'étendit à son fils également, comme il se voit par les Lettres-Patentes mentionnées plus haut, et obtenues pour ce dernier. *Jean Francisque I* épousa *Jeanne-Françoise,* fille unique du seigneur d'Urville, qui lui apporta en dot, et par succession, des biens situés à Urville et à Saint-Ouen, village tout proche de celui-ci [3]. On n'a pas ce contrat de mariage, mais il est rappelé dans celui de son fils. On voit aussi que Jean Francisque s'intitulait écuyer, *equus,* c'est-à-dire chevalier dans la primitive acception de ce mot en latin. Qualité fort considérable en Lorraine, où sous le titre d'Ancienne Chevalerie, la haute noblesse formait un corps national et politique. Les

---

[1] Voir aux Preuves, les attestations produites devant le Bailliage de Bassigny.

[2] Voir aux Preuves, l'inscription tumulaire de *Nicolas de Landrian,* qui rapporte ces circonstances infiniment honorables.

[3] En 1783, ces biens échurent en partage à M. le chevalier de Landrian, circonstance encore à relater parce qu'elle prouve, à l'appui de ce qui précède, et l'origine de la Maison *De Landrian* en Lorraine, et ses filiations successives.

comtes De Tornielli, De Chalani de Ferrari, en faisaient partie, et JEAN FRANCISQUE n'était pas de moindre origine assurément, comme il est prouvé.

En avril 1547, on citait parmi les chefs des troupes italiennes à l'armée de Charles-Quint, contre les Protestants d'Allemagne, Octavio Farnèse, duc de Parme, Philippe de Lannoy, prince de Sulmone, etc., et *Francisque, comte de Landriano*. Ce dernier, d'après les traditions de famille, et si on en juge par un arbre généalogique authentique, produit en 1736 (Voir aux preuves), était très-probablement frère de *Jean Francisque III*, qui vint en Lorraine, et ici premier de ce nom.

FRANCISQUE I eut de son mariage, *Jean Francisque II*, qui suit ; on ignore la date de sa mort, ainsi que celle de sa femme, mais il est certain qu'il fut inhumé dans l'église d'Urville, village sous les murs de La Mothe, jadis.

IIᵉ DEGRÉ. JEAN FRANCISQUE II, DE LANDRIAN.

Noble homme *Jean Francisque De Landrian d'Urville*, écuyer, demeurant à La Mothe, fils de noble homme, feu *Jean Francisque De Landrian*, et de damoiselle *Jeanne Françoise*, épousa par contrat du 16 février 1565 [1], passé au château et maison forte de Lignéville, honnête femme *Marguerite Gérard* [2], veuve de Jean De Feuret, en son vivant Archer des Gardes de Mgr le Duc, demeurant à La Mothe, et succéda à son père, dans ses charges militaires.

On l'enterra dans l'église d'Urville, probablement aussi avec sa femme.

---

[1] Cet acte prouve la filiation directe de *Jean Francisque I de Landrian*, susnommé, et qui s'y trouve rappelé comme il suit : « Le cas aduenant que ledit *Landrian* décède le premier, et auant que ladite *Marguerite*, sa future femme, elle aura et emportera par chacun an, la vie durante, pour son douaire, la somme de dix francs Barrois ; en cas que Damoiselle *Jeanne Françoise*, veuve de *feu noble homme Jean Francisque de Landrian*, survive ledit son fils, que... etc.

[2] *Gérard*, porte : d'azur, à la fasce d'argent, accompagnée en chef de trois colombes d'argent, mises en rang ; en pointe, d'un lion passant de même.

L'époque de leur décès n'est pas rappelé dans aucun acte. Ils laissèrent de leur union :

1° *René De Landrian*, qui suit; 2° *Jean Francisque III De Landrian d'Urville*.

Ce dernier est mentionné dans le contrat de mariage de *Charles De Landrian*, le 11 mai 1610, comme son oncle, curateur et adjoint de sa tutelle.

IIIe DEGRÉ. RENÉ DE LANDRIAN.

Il était intitulé : Archer des Gardes de S. A. et Capitaine de toutes les milices du comté de Beaufremont. Ses nom, ascendance, et qualités sont prouvés par deux sentences rendues au Bailliage de Bassigny, les 21 et 26 janvier 1605, au profit de damoiselle *Françoise Thouvenel*, sa veuve, qu'il avait épousé en secondes noces, par contrat du 15 novembre 1587. Le nom de sa première femme ne nous est pas connu.

Du premier lit vint une fille : *Amorable Sabine De Landrian;* de l'autre union : 1° *Charles De Landrian*, qui suit ; 2° *Renée De Landrian*, mariée à Christophe Daudenet, avocat à Langres ; 3° *Joseph De Landrian*, chanoine de La Mothe, mort à Bourmont, le 7 février 1658, âgé de 69 ans, suivant son épitaphe conservée depuis à Outremécourt [1].

Françoise Thouvenel mourut le 1er juillet 1651, comme le témoigne un compte rendu au Parlement, par son fils.

IVe DEGRÉ. CHARLES DE LANDRIAN.

Lors des affaires de la Lorraine, les archives de La Mothe ayant été brûlées, ainsi que la ville, pendant le dernier et fatal siége qu'elle eut à

---

[1] C'est de lui qu'on tient l'habitation de famille en ce lieu, et qu'il donna à Jean-Baptiste De Landrian.

soutenir en 1645, il n'est pas étonnant que les familles de ce lieu, et en particulier la maison de Landrian, ayent perdu quantité de documents qui les concernaient. Il se trouve néanmoins que CHARLES DE LANDRIAN, écuyer, fils de feu *René de Landrian*, et de damoiselle *Françoise Thouvenel*, était conseiller d'Etat, sous le duc Henri II, par brevet du 21 avril 1622. Par contrat du 11 mai 1610, il épousa Damoiselle *Begnigne Plumerel*, fille de noble Jean Plumerel, et de damoiselle *Jacobi de Vidranges*, maison d'ancienne chevalerie.

CHARLES DE LANDRIAN, qui demeurait à La Mothe, fut assassiné avec son domestique, au bas de la côte de Alain-aux-Bœufs, dans la nuit du 26 août 1635. Il existe encore sur le bord de la route, une chapelle et une croix commémoratives de ce funeste accident. Son corps fut transporté et inhumé dans l'abbaye ducale, puis royale de Clairlieu, près Nancy, où se voyait son épitaphe [1] surmontée de ses armes (voir aux Preuves), au quatrième pilier, en entrant à main droite.

De son mariage naquirent : 1° *Nicolas de Landrian*, qui suit ; 2° *Henry de Landrian*, dont la date de sa mort est ignorée, mais il est rappelé dans une obligation au profit de son frère, le 30 septembre 1634 ; 3° *Marguerite*, morte le 24 février 1676, abbesse du monastère de Sainte-Claire, à Neufchâteau, et inhumée au Chapitre, suivant attestation en 1710.

V° DEGRÉ. NICOLAS DE LANDRIAN.

Nicolas de Landrian, écuyer, épousa par contrat du 8 novembre 1637, damoiselle *Philiberte Tranchot* [2].

---

[1] On lisait sur ce marbre funéraire que *Charles* était issu des illustres Landriani d'Italie : *Eques, Landrianorum ab stirpe Italis clarâ ;* au bas se voyait l'écu de *Plumerel* : d'azur, au chevron d'or, accompagné de trois colombes d'argent, 2 en chef, 1 en pointe.

[2] *Tranchot* porte : d'azur, à trois flèches d'argent mises de rang et en pal, liées de gueules, et sur-

Il fut Lieutenant au Gouvernement de la forteresse de La Mothe, qu'il défendit pendant ses trois siéges, *et à ses frais* « par des exploits dignes de sa fidélité, » lisait-on sur son tombeau (voir aux Preuves). Après la destruction de cette ville, malgré la capitulation jurée, il se retira à Guedreville, village très-près d'Outremécourt, et dont il était seigneur. Il y mourut le 30 septembre 1667, et fut enterré dans l'église près du sanctuaire. Lors de la première Révolution, les habitants du lieu rapportèrent pieusement son épitaphe armoriée aux membres de sa Maison à Outremécourt. Sa femme était morte le 12 mai 1657. De ce mariage sont issus : 1° *Anne Michelle De Landrian*, mariée à *Henry François de Roncourt*, écuyer, seigneur d'Aingeville et Betoncourt-sur-Amance ; elle mourut le 20 novembre 1688, ne laissant que des filles.

2° *Gabrielle*, née à La Mothe, en février 1642, mariée par contrat, le 30 avril 1669, à *Claude de Mauljean*, écuyer, capitaine Prévôt-Gruyer et Receveur d'Apremont [1].

5° *Joseph de Landrian*, né le 15 mars 1644 ; 4° *Charles Henry*, né le 30 mars 1645 ; 5° *Nicolas de Landrian*, né à Guedreville, en 1647, Prêtre, fut

montées en chef de trois étoiles d'or. *Antoine Tranchot*, prévôt et gruyer de Beaufremont, fut anobli par Charles IV, duc de Lorraine, le 8 juillet 1666. Les motifs sont des plus honorables. Il y est dit : « qu'il a servi en qualité d'enseigne lieutenant et même de capitaine pendant le blocus de La Mothe, mené depuis une compagnie d'infanterie *levée à ses frais et dépens* au château de Vicherey, où ayant été fait prisonnier et mené à Nancy, il paya sa rançon de ses propres deniers, et ayant encore depuis monté et équipé son frère pour servir dans le régiment du prince de Vaudémont..... etc. » On sait que Nicolas de Landrian servit aussi avec le même désintéressement.

[1] François de Mauljean fut un héroïque capitaine Lorrain. En 1635, renfermé avec dix-sept soldats dans le château de Mandres aux Quatre-Tours, son héritage, il tint bon contre une armée évaluée à six mille hommes, et en sortit avec les honneurs de la guerre. Un tableau du temps, consacre ce fait d'armes, digne de celui de Mazagran.

[2] De ce mariage naquirent : 1° *Nicolas de Mauljean*, capitaine au service de l'Empereur, dans le régiment de Mercy, mort major, sans enfants ; 2° *Louise*, femme de Charles du Moulin, seigneur de Courcelles ; 3° *Marie-Gabrielle*, qui épousa, en 1710, Jean-Louis de Klopstein, seigneur de Récourt, écuyer, père d'Antoine-François de Klopstein, écuyer, d'où par leur mère, sont sortis MM. de Klopstein, d'aujourd'hui.

nommé chanoine à La Mothe, par Lettres-patentes du duc Charles IV, le 15 mars 1667, en considération des services de son père. Son canonicat ayant été transféré à Bourmont, il se retira à Outremécourt, où conjointement avec sa famille, il construisit une église avec les démolitions de l'ancienne collégiale de La Mothe, entr'autres le portail et les pierres tombales qui servirent de pavé comme auparavant. *Nicolas* fut le premier curé d'Outremécourt, et on l'inhuma dans l'édifice qu'il avait créé. Sa mort arriva le 14 septembre 1750; sa mémoire se recommande aux amis des souvenirs du pays. 6° *Jean-Baptiste*, qui suit, né le 13 octobre 1652.

Nicolas De Landrian, leur père, s'était remarié avec Damoiselle *Marie Choël* [1], veuve de feu Dominique Briard, avocat au Bailliage de Bassigny, par contrat du 13 mai 1658, et de laquelle il n'eut pas d'enfants. Par transaction entre les chapelains de Saint-Nicolas, de Neufchâteau, et *Nicolas De Landrian*, curé d'Outremécourt, par acte du 10 avril 1691, ceux-ci furent obligés de mettre au-dessus de la chapelle du Saint-Nom-de-Jésus, et de la Vierge, une inscription commémorative [2], aux armes de Nicolas De Landrian, son père, et de ladite *Choël*.

VIe DEGRÉ. Jean-Baptiste De Landrian.

Il épousa par contrat du 25 novembre 1674, Damoiselle *Claude de Billard* [3], fille de Charles de Billard, Seigneur de La Chapelle, demeurant

---

[1] Les armes de *Choël* sont : bandé et contrebandé d'or et de sable.

[2] L'an 1687, dame Marie Choël, veuve du sieur *Nicolas De Landrian*, vivant escuyer, a fondé en cette chapelle par la donation de tous ses biens, la messe journalière et perpétuelle de 11 heures et autres services portés par la fondation registrée au Conseil de cette ville, le 24 mai 1688.... dont la messe du 30 septembre, jour du décès de son dit mari, et celle du 12 mai, jour du décès de sa première femme, se diront à leur intention particulière, en mémoire de quoi cette table d'autel a été faite aux frais de ladite fondatrice.

[3] *Billard* porte : d'azur, au chevron d'argent, accompagné en chef de deux croissants montants d'argent, et en pointe d'une croix de Lorraine d'or.

à Bourbonne, et de Damoiselle Claude De Voizangrin, veuve en premières noces de Pierre Binette, écuyer, archer des Gardes du corps de Sa Majesté.

De ce mariage vinrent : 1° *Claudette De Landrian*, mariée à Charles-François Du Moulin, écuyer, seigneur d'Afleville et d'Aingeville; elle mourut à Neufchâteau, en septembre 1758, sans postérité; 2° *Nicolas De Landrian*, écuyer, né le 30 octobre 1677, conseiller au Bailliage de Bassigny, prit l'habit de Dominicain en 1705; 3° *Henry*, mort en bas âge; 4° *Marie De Landrian*, mariée à Jean-Paul de Greiche, chevalier du Saint-Empire, seigneur d'Hagneville, Bisfontaine, Montcheu-la-Petite, par contrat du 21 février 1702 [1]; 5° *Errard De Landrian*, qui suit, né le 17 septembre 1684.

JEAN-BAPTISTE DE LANDRIAN mourut à Outremécourt, le 20 juillet 1684; *Claude de Billard*, au même lieu, le 5 novembre 1729.

VIIe DEGRÉ. ERRARD DE LANDRIAN.

On le voit qualifié écuyer, conseiller au Bailliage de Bassigny, quand il obtint avec *Nicolas De Landrian*, son frère, des Lettres-patentes de Léopold Ier, Duc de Lorraine et de Bar, le 13 juillet 1703, portant reconnaissance de Gentillesse de leur race, avec leur extraction de la maison de

---

[1] Ils eurent de leur union : 1° *Thomas Melchior de Greiche*, chevalier, seigneur d'Hagneville, marié à Damoiselle Catherine-Marguerite De Lavaux De Vrécourt, fille d'honoré seigneur, messire Joseph–Alexis de Lavaux, baron de Vrécourt, et de dame Magdelaine-Françoise de Sarrazin De Germainvilliers, par contrat du 7 janvier 1751; 2° *Charles-François De Greiche*, reçu dans les compagnies des Cadets gentilshommes de S. M. le Roi de Pologne, le 14 avril 1750; 3° *Marie de Greiche*, qui par contrat du 1er juin 1734, épousa François de Roucy, chevalier, seigneur de Vintrange; d'elle naquirent : 1° Elisabeth de Roucy, mariée en mai 1758, à Mathias-Félicien De Hurdt, dont Charles-Mathias-Félicien et Mathias-Henry; 2° Jean-François, abbé de Roucy.

Greiche porte : d'azur à la fasce d'argent, accompagnée en chef de deux croissants montants, surmontés chacun d'une étoile à six rayes de même, et en pointe d'une quinte feuille d'argent boutonnée et feuillée de gueules.

Les maisons de *Roucy* et de *Hurdt* faisaient partie de l'Ancienne Chevalerie de Lorraine.

Landriani, et la conformité des armes. ERRARD DE LANDRIAN épousa, par contrat du 10 février 1708, Damoiselle *Anne De l'Isle* [1], fille de Charles-Alexis De l'Isle, écuyer, et Dame Anne Dubois.

De leur union vinrent : 1° *Anne De Landrian,* née à Bourmont, en septembre 1708, morte jeune, en la même ville; 2° *Antoine-François,* qui suit; 3° *Marie-Anne De Landrian,* née le 26 août 1710, épousa *Jean-Baptiste De l'Isle,* chevalier, seigneur de Brainville, Hacourt et la Maison-Forte, capitaine pour le service de Sa Majesté Impériale, par contrat du 6 novembre 1731. Elle mourut le 31 décembre 1747, laissant un fils, Errard, et cinq filles; 4° *Marguerite De Landrian,* née à Bourmont, le 29 février 1712, morte à Gondrecourt, le 11 juin 1725, fut inhumée chez les Religieuses de la Congrégation; 5° *Jean-Baptiste,* né le 6 avril 1713, mort le 28 juillet 1735; 6° *Henry,* né le 2 mai 1714, mort le 10 mars 1736; 7° *Nicolas,* né le 19 août 1716, mort le 28 suivant; 8° *Charlotte,* née à Bourmont le 10 mars 1717, morte le 15 août 1721; 9° *Barbe,* née le 28 décembre 1718, morte à Bourmont, le 28 août 1719; 10° *Charles De Landrian,* né le 6 août 1722, mort enfant à Perey.

Messire ERRARD DE LANDRIAN, mourut le 10 février 1748, âgé de 65 ans, et fut inhumé le lendemain, dans la chapelle de sa famille, église paroissiale de Bourmont. On le qualifiait : chevalier, seigneur d'Alarmont, Aingeville. Sa femme était décédée en 175...

VIII⁰ DEGRÉ. ANTOINE-FRANÇOIS DE LANDRIAN.

Messire *Antoine-François De Landrian,* chevalier, seigneur d'Alarmont, succéda à son père dans sa charge de Lieutenant général du Bailliage de

---

[1] *De l'Isle* porte : d'azur au chevron d'or, accompagné de trois têtes de licornes d'argent, 2 en chef, 1 en pointe, chargé de trois croix fleuronnées de gueules.

Bassigny et Subdélégué de l'Intendant, épousa Damoiselle *Elisabeth-Cathe rine De Sarrazin* [1], fille de messire Antoine-Théodose De Sarrazin, cheva lier, seigneur de Germainvilliers et d'Osieres, et de Barbe Colin d'Aingeville à Graffigny, par contrat du 11 décembre 1735 ; petite-fille de *Jean-Baptist De Sarrazin*, seigneur de Germainvilliers, Lieutenant au gouvernement d La Mothe, puis gouverneur à la mort du comte de Choiseul, seigneu d'Ische.

ANTOINE-FRANÇOIS DE LANDRIAN mourut à Bourmont, le 22 mars 1748, et s femme, le 31 mars 1783 ; tous deux furent déposés dans la chapelle d Saint-Nicolas, de l'église paroissiale de Bourmont.

Ils eurent pour enfants : 1° *Anne-Barbe de Landrian*, née le 14 avril 1737, religieuse professe au monastère de la Congrégation, à Neufchâteau, en 1756, morte le 24 août 1773, inhumée dans la chapelle de sa famille ; 2° *Elisabeth-Nicolle*, née le 17 avril 1738, morte le 21 id. ; 3° *Antoine-François-Charles-Théodose*, né le 8 mars 1739, mort le 2 mars 1740 ; 4° *Etienne Errard*, qui suit, né le 29 janvier 1740 ; 5° *Jean-Baptiste De Landrian*, né à Bourmont, le 2 mars 1741, major au régiment de Bretagne-Infanterie, ancien Lieutenant colonel, chevalier de l'Ordre royal et militaire de Saint-Louis, colonel de la Garde nationale de Nancy, mort dans cette ville, le 16 octobre 1835, dans sa 95ᵉ année, en laissant une mémoire respectée. Ce « vénérable Nestor des armées françaises avait inspiré autant de respect que d'attachement, » à l'illustre général Drouot, dont nous citons les propres expressions (Voir aux Preuves), et tous deux, en 1830, avaient beaucoup contribué à maintenir l'ordre violemment troublé un instant. M. De Landrian comptait alors 90 années, et le général Drouot était accablé d'infirmités. *Jean-Baptiste De Landrian* avait épousé Damoiselle *Thérèse-Emerite Du Val*, par contrat du 9 janvier 1788.

6° *Marie-Josèphe*, née le 29 mai 1742, morte le 22 janvier 1743 ;

---

[1] *Sarrazin* porte : d'azur au chef d'argent, chargé d'un lion léopardé passant de gueules et cousu, en pointe, une étoile d'or.

7° *Marie-Anne,* née le 29 juillet 1743, morte le 5 mai 1780 ; 8° *Marie-Magdelaine,* née le 17 janvier 1745, morte le 7 janvier 1751 ; 9° *Elisabeth-Thérèse De Landrian,* née à Bourmont, le 2 mars 1747, mariée à *Jean-Charles-Ferdinand, Baron De Fisson,* chevalier, Seigneur Du Montet, par contrat du 29 août 1768 [1].

IX° DEGRÉ. Etienne Errard De Landrian.

Chevalier, Seigneur d'Outremécourt et du fief d'Alarmont, Lieutenant colonel du régiment Dauphin-Infanterie, en 1787 ; chevalier de Saint-Louis, comptait sept campagnes en Hanôvre et deux en Corse, et avait d'abord été admis parmi les Cadets-Gentilshommes de Stanislas, Roi de Pologne, Duc de Lorraine et de Bar.

Par contrat du 21 février 1770, il épousa Damoiselle *Catherine Raulin,* fille de Nicolas-François Raulin, écuyer, Seigneur de Maixe et de Lebeuville [2], et de Jeanne-Catherine De Maillart ; ils eurent de leur mariage : 1° *François Errard De Landrian,* qui suit, né le 7 juillet 1771 ; 2° *Antoine-Jean-Baptiste,* né le 20 septembre 1773, mort le 17 février 1774 ; 3° *Marie-Anne-Sophie,* née à Bourmont, le 15 août 1775, épousa Claude-François-Xavier Baudel De Vaudrécourt, le 6 octobre 1794, à Outremécourt. Son

---

[1] De leur union naquirent : 1° *Elisabeth-Catherine-Antoinette De Fisson Du Montet,* née à Nancy, le 13 janvier 1771, morte le 20 mars 1807 ; 2° *Victoire-Elisabeth-Françoise,* née le 9 novembre 1772, veuve de M. le Baron *De Boesner,* chevalier de l'ordre impérial de Sainte-Anne de Russie ; 3° *Marie-Antoine-François-Joseph, Baron De Fisson Du Montet,* né à Nancy, le 16 février 1773, capitaine au régiment d'infanterie de S. A. R. l'Archiduc Charles, chevalier de l'ordre militaire de Marie-Thérèse en 1800, et Chambellan de S. M. l'Empereur d'Autriche, par diplôme du 18 novembre 1802, épousa à Vienne, le 20 décembre 1810, *Marie-Radegonde-Alexandrine Prévost De Saint-Mars De La Boutelière,* dame de l'Ordre de la Croix étoilée de S. M. l'Impératrice d'Autriche ; 4° *Marie-Anne-Mélanie De Fisson Du Montet,* née à Nancy, le 11 juin 1778, morte à Vienne, le 22 mars 1803.

[2] *Raulin* porte : d'azur à la croix pattée d'argent, accompagnée et cantonnée de quatre besans d'or.

mari mourut à Bourmont, le 12 mai 1829 [1] ; 4° *Antoine-François De Landrian*, né le 17 juillet 1777, mort le 27 novembre de la même année ; 5° *Anne-Charlotte*, mariée à Gaspard De Renepont, fils de Honoré-François De Renepont, ancien capitaine d'infanterie, et de dame Marie-Anne-Lucie Leseure, demeurant à Andelot, département de la Haute-Marne, par contrat du 10 janvier 1804 [2] ; 6° *Marie-Catherine De Landrian*, née le 21 août 1782 ; 7° *Marie-Madelaine-Henriette*, née le 14 juillet 1784.

Etienne Errard De Landrian, décéda à Outremécourt, le 21 novembre 1817, et sa femme le 27 janvier 1841. Ils furent ensevelis au lieu de la sépulture des ancêtres de la maison De Landrian, dans l'église du village susdit. *Catherine-Sophie Raulin* avait perdu presque toute sa fortune par la Révolution, mais elle hérita de son frère, ancien seigneur de Maxéville, près Nancy. Cette position nouvelle lui permit de suivre les impulsions de son cœur généreux, soit en embellissant l'église d'Outremécourt, soit en étendant autour d'elle une main libérale en bonnes œuvres, aussi laissa-t-elle une pieuse mémoire ; on avait dit de son mari : Transivit benefaciendo.

---

[1] Sont issus de cette union : 1° *Nicolas Errard Baudel*, né à Bourmont, le 11 juillet 1795, sous-lieutenant au 4e de ligne en avril 1815, mourut des suites d'une blessure, à Kirchen-Polanden, le 14 novembre de la même année ; 2° et 3° *Thérèse-Emerite Baudel* et *Charlotte-Sophie*, nées à Bourmont, le 31 mars 1797 ; 4° *Françoise-Célestine Baudel*, née le 3 octobre 1798 ; 5° *Charles-François-Xavier*, né le 9 mars 1803, sous-lieutenant au 2e d'infanterie légère ; 6° *Victoire-Antoinette*, née le 31 mai 1809 ; 7° *Marie-Antoine Baudel*, né le 23 juin 1810, lieutenant au 46e de ligne, mort le 8 juin 1836.

Baudel porte : de gueules au chevron d'or, accompagné en chef de deux étoiles d'argent, en pointe d'une croix de Lorraine de même ; pour cimier, un griffon d'or.

[2] Les enfants de M. De Renepont furent : 1° *Catherine Octavie*, née le 14 février 1805, religieuse à Neufchâteau ; 2° *Etienne Errard*, né le 20 janvier 1808, mort en juillet 1830 ; *Jean-Baptiste Gustave*, né le 26 octobre 1810 ; 4° *Marie Caroline*, née le 31 juillet 1816, mariée à M. le comte Louis De Grivel ; 5° *Pierre-Gaspard*, né le 26 avril 1819.

Xe DEGRÉ. FRANÇOIS-ERRARD DE LANDRIAN.

Chevalier, capitaine d'infanterie, chevalier de Saint-Louis, rentré en France au mois de septembre 1802, épousa, le 19 avril de l'année suivante, Demoiselle *Marie-Françoise-Alexandrine De Tricornot*, sa cousine issue de germain, fille aînée de Jean-Baptiste-René-Adrien, Baron de Tricornot [1], chevalier de Saint-Louis, et ancien Lieutenant colonel de Dragons du régiment allemand de Schomberg, au service de France, et de Dame Marie-Thérèse Simonet, de Vougécourt, cousine-germaine du père de son mari.

A la Restauration, il comptait dix-huit années de service militaire effectif, dix campagnes et trois blessures. Sa femme mourut prématurément le 19 avril 1807, laissant de son mariage : 1° *Marie-Thérèse De Landrian*, née à Langres, le 30 janvier 1804, morte à Outremécourt, le 29 décembre 1829 ; 2° *Jean-Baptiste-René*, qui suit, né à Outremécourt, le 19 mai 1806.

XIe DEGRÉ. JEAN-BAPTISTE-RENÉ DE LANDRIAN.

Fut élevé chez son ayeul maternel, en Franche-Comté, et reçu avocat à la Cour royale de Nancy, le 27 août 1827.

Par contrat du 5 avril 1834, il épousa *Marie-Blanche-Henriette-Radegonde-Julie-Hedwige De Pavée De Ville-Vieille* [2], fille de défunt Louis-François-Jean De Pavée, comte de Ville-Vieille, ancien capitaine de cavalerie, et de défunte Dame Henriette-Hélène-Aimée Prevost De Saint-Mars, comtesse De La Boutelière [3].

---

[1] *Tricornot* porte : d'azur, à trois huchets d'or, 2-1.

[2] *Ville-Vieille* porte : d'azur, à trois chevrons d'or.

[3] Fille du comte De Saint-Mars De La Boutelière, et d'Adélaïde-Paule-Françoise, comtesse De La Fare, sœur du

Il sortit de cette union : *Marie-Claire-Alexandrine De Landrian*, née le 12 août 1835, morte en bas âge ; 2° *Marie-Camille-Amélie*, née le 17 février 1837, mariée le 26 juin 1858, à M. Ernest, Baron de Seillière, décédée à Paris, le 3 juillet 1860 [1] ; 3° *Marie-François-Edgard*, né le 12 février 1839 ; 4° *Marie-Françoise*, née le 18 juin 1840 ; *Marie-Francisque-Pierre*, né le 20 septembre 1846 ; 6° *Clothilde ;* 7° *Louise.*

Outre le titre de comte, héréditaire dans sa maison, M. JEAN-BAPTISTE-RENÉ DE LANDRIAN a reçu ceux de Baron du Saint-Empire Romain et de Baron d'Autriche, transmissibles à sa descendance, mâle et femelle, par adoption et volonté dernière de M. *Marie-Antoine-François-Joseph, Baron Fisson Du Montet*, chambellan de S. M. I. et R., ainsi conçues et écrites de sa propre main sur l'enveloppe du diplôme : « Copie authentique du diplôme de l'Empire et des Etats héréditaires d'Autriche, qui m'a été accordé par S. M. Ferdinand I, Empereur d'Autriche, par diplôme signé à Vienne en Autriche, le 22 mai 1837 ; S. M. l'Empereur a de plus, daigné, par rescript du 19 décembre 1837, déclaré qu'en considération de mes services, et dans le cas où je mourerais sans enfants, ce titre de Baron de l'empire d'Autriche sera transmissible à mon neveu *René De Landrian, et à sa descendance mâle et femelle à perpétuité, lequel René De Landrian et ses enfants mon cœur a adoptés.* »

« Cette grâce particulière et inusitée de S. M. I. et R. m'a été intimée par S. A. le Prince de Metternich, par lettre du 23 décembre 1837, en qualité de Grand-Chancelier de cour, et par décret de la Chancellerie aulique du 28 mai 1838. Je l'ai moi-même confirmé par mes testament et codicile que

---

cardinal, Duc De La Fare, qui prononça un discours d'ouverture aux Etats-Généraux, en 1789, et mourut en 1829, Aumônier de Madame la Dauphine.

[1] Un charme indicible des dons de la nature et des qualités de l'esprit respirait en sa personne pleine de distinction, aussi, de près ou de loin, sa perte fut-elle vivement sentie, et ces regrets ne sont pas éteints. Madame la Baronne de Seillière laissa deux filles, en bas âge.

je déclare irrévocables, et par lesquels, en ma qualité de propriétaire du titre et diplôme de *Baron du Saint-Empire,* en usage dans ma Famille depuis plusieurs générations, ainsi que du titre et diplôme de *Baron de l'empire d'Autriche,* à moi personnel, transmissible par décret impérial à mon neveu *René de Landrian,* j'use de mon droit de propriété en lui léguant pour son usage et celui de sa descendance directe, mâle et femelle, ces susdits diplômes et leurs armoiries, titres et devises, pour qu'il en dispose héréditairement, comme j'en ai disposé de mon vivant ; cette propriété cessant après moi d'être mienne et devenant la sienne, avec ses avantages et prérogatives héréditaires ; ce que j'ordonne et dispose pour après moi. »

Nancy, le 1er août 1859, *Marie-Antoine-François-Joseph, Baron Fisson Du Montet.*

Le décret impérial de transmission du titre de Baron de l'empire d'Autriche à Jean-Baptiste-René De Landrian, écartèle ses armes aux 1 et 4, de celles des Barons Du Montet : *D'argent à la bande vivrée de gueules.*

FIN

DE LA GÉNÉALOGIE.

PIÈCES JUSTIFICATIVES.

I. DE LA MAISON DE LANDRIANO, EN ITALIE.

Au rapport unanime des généalogistes lombards, la Maison *De Landrian* figure avec distinction parmi les plus anciennes Familles d'Italie. Sansovino dit que son origine se perd dans la nuit des temps, ajoutant que son illustration et ses services la placent au premier rang de la noblesse du pays ; Crescenzi en parle de même en retraçant son histoire sommaire.

Cette Maison a été titrée de marquisat, et la qualité de comte a été encore octroyée à ses membres, dès le XIVe siècle. On en cite trois : *Albert, Auguste et Bernard de Landriano,* évêque de Côme, qui furent béatifiés en 1061.

Guillaume Landriani était Capitaine-général des armées de Milan, sous

A.

l'empereur Henri III [1] ; *N... De Landriano* fut l'un des juges du différend élevé entre les Familles Pedraccia et Besozzia, au sujet des fiefs de Mendrino, en 1140 ; *Guy et Henry De Landriano* sont mentionnés parmi les principaux chefs que les Milanais perdirent dans les troubles, sous le pontificat d'Alexandre III, en 1160 et 1161 [2].

Pinamont de Vimercat et *Guy de Landriano* vinrent traiter de diverses conditions au nom des Milanais, avec l'empereur Henri V, et lui décernèrent la souveraineté de l'empire, stipulant qu'on lui paierait les redevances ordinaires, que la présentation des officiers serait faite par l'empereur, (Crescenzi, liv. VI). *Guido Henri et Hubert Landriani* s'opposèrent aux tentatives de l'empereur Fréderic I, contre leur patrie. *Guido* fut gouverneur de Padoue en 1225, et gouverneur de Plaisance, en 1227. L'empereur Louis IV donna à *Hubert Landriani,* le fief de Benolo ; son fils, *Giacomo,* fut Podestat de Pavie. *Antoine Landriani* gouvernait Brescia, et d'autres membres de sa Famille avaient la même autorité sur Plaisance, Cremone, Vercelli, Cassano, etc., durant la guerre de Venise contre Milan, et même plusieurs périrent en combattant dans ces luttes. *Raffael Landriani* alla se fixer à Plaisance, devint gouverneur-capitaine du château, et ses descendants occupèrent les premières charges dans cette ville (Crescenzi).

Gerard Landriani, évêque de Lodi et de Côme, sous le Pape Eugène IV, fut par lui créé Cardinal. Il se trouva au concile de Bâle, et depuis député ambassadeur en Angleterre (*Id.* Moréri). *Pierre Landriani* était sénateur de Milan, sous Galeas Sforce, et *François Landriani,* chef de la faction Brasceca, tenant pour Alphonse, roi de Naples, vers 1400.

On cite *Thomas Landriani* comme l'un des meilleurs capitaines milanais du XVe siècle. *Alexandre-Daniel* et *Albert Landriani,* frères, sacrifièrent leur fortune pour soutenir le duc François Sforce, en 1525. *Epaminondas,*

---

[1] On suit ici et plus loin Crescenzi ; Historia d'ella nobilitata d'Italia, t. II ; notice *Landriani.*

[2] Gollut, Mémoires historiques de la République Sequanoise, liv. VI, pag. 560.

fils d'*Albert Landriani*, fixé à Parme, devint l'auteur d'une branche dont les membres se distinguèrent également à la tête des armées et dans les charges civiles, compta plusieurs chevaliers de Malte.

Jules Landriani, capitaine au service de Charles-Quint, enleva aux Français la ville de Mondovi, dont il eut le gouvernement. *Ambroise* était Lieutenant-général dans les troupes de François-Marie, Duc d'Urbin, eut pour fils les comtes *Jean-Baptiste* et *Francisque Landriani*, tous deux capitaines en Germanie. L'historien Gollut mentionne également le comte *Francis*, comme un des principaux chefs de l'armée de Charles-Quint, contre les Protestants d'Allemagne, en 1547.

Antoine, comte De Landriani, fils du comte *Jean-Baptiste*, épousa Camille, fille du Duc Guidobald, d'Urbin et sœur de François-Marie, Duc d'Urbin ; elle apporta en dot à son mari d'immenses possessions, entr'autres les fiefs d'Orciano, Unterade, La Ripe, etc. *Don Camille De Landriani*, fils du comte *Francisque*, mourut en Espagne au service de S. M. C. Son frère, *Ambroise*, était à l'armée catholique en Flandre, parmi les principaux chefs qui restèrent près du duc Alexandre Farnèse.

Par une bulle, rapportée ci-après, le Pape Pie V reconnut les comtes *Landriani* pour ses parents, le 21 avril 1570.

Marsilio de Landriano, Légat de Sixte-Quint, fut député en France, vers Henri IV, et plusieurs de sa Maison ont été évêques de Milan, de Crémone, de Mantoue.

Joseph de Landriano produisit, le 12 mai 1736, ses preuves pour être agrégé, suivant les formes requises, dans l'Ordre de la Haute noblesse de Milan, ainsi que l'avaient été ses ancêtres. Il est dit dans le préambule : « qu'il est superflu d'insister tant sur la grande illustration de la Maison *De Landriano*, qu'on sait remonter, par titres certains, à l'an 1061, que sur les dignités dont ses membres furent de tout temps revêtus, cela étant consigné dans l'Histoire et présent à la mémoire des contemporains ; qu'il est notoire que ces personnages, tour à tour Consuls de la Patrie, Favoris des Princes, Sénateurs, Gouverneurs de villes, Ambassadeurs, Généraux,

Grands-Trésoriers, Magistrats supérieurs, très-célèbres, très-illustres, se sont transmis et cette gloire et cette renommée fameuses, sans tache aucune. » Effectivement, les épithètes de très-puissant, de très-illustre, ou magnifique, à la tête des plus grandes affaires, de noble par excellence, accompagnent partout leurs noms dans les actes.

A l'appui était joint un tableau généalogique sur lequel on aura à revenir, car il jette de vives lumières sur l'origine des membres de la Maison *De Landriano*, répandus en Italie, en France et en Lorraine. *Joseph*, dans ses preuves, jugea qu'il lui suffisait de remonter seulement, dans le cas dont il s'agissait, à « noble *Jacobus De Landriano*, » citoyen de Milan, et Commandant en chef des troupes, l'an 1313, investi par l'empereur Louis de Bavière, de la ville et du château « *De Vidigulfo*, » le 3 août 1329, fief que *Jospeh* détenait encore en 1735.

Il est inutile de discourir davantage ici sur la généalogie proprement dite de la Maison *De Landriano*, en Italie, pour attester le rôle brillant qu'elle a rempli dans le monde. Ajoutons néanmoins qu'en 1836, l'almanach de la Cour impériale d'Autriche citait une noble Vénitienne, madame de Majneri, née *Comtesse De Landriani*, en qualité de Dame du palais de S. M. l'Impératrice, et Dame de la Croix étoilée.

La noblesse de *Joseph*, *Glycère* et *Maria De Landriani* fut ratifiée à Vienne, le 16 novembre 1816 ; ils sont éteints aujourd'hui. Il résulterait en outre d'un certificat de carence [1] que « noble seigneur *Joseph Landriani* » mort le 13 février 1838, était un des derniers descendants de sa race en Italie, laquelle, sans doute, n'avait plus après lui de représentants dans la contrée.

Charles-Quint, par diplôme daté de Gênes, le 17 octobre 1536, créa comte de Landriano, Francisque ou *François Taberna* [2], et il est déclaré

---

[1] Jugement du Tribunal de première instance de Milan, prononcé le 9 août 1839, dont copie vidimée et légalisée en 1862.

[2] Copie collationnée aux archives ministérielles à Vienne, suivant attestations du 22 janvier 1861, avec sceau impérial.

qu'il jouira de ses droits comme ont accoutumé les comtes passés de cette très-antique et très-illustre Maison : « antiquissima et dignissima prosapia » aucune armoirie n'est décrite, et nous ne savons si c'est un membre ou plutôt un allié à la Maison de Landriani qu'on honorait ainsi, ce qui est probable, car *Don Ambrosio* et *Don Camille De Landriano*, servaient plus tard en Allemagne et en Espagne, le même souverain. La ligne directe des Landriano d'Italie était-elle dès lors éteinte ?

Les armes de *Jean-Baptiste De Landriani*, peintes à la suite d'un diplôme de Joseph I, empereur d'Allemagne, bien qu'offrant de l'analogie, sont trop différentes de celles de la Maison des anciens comtes *De Landriano*, en Italie, en Bourgogne et en Lorraine, pour en induire une descendance, bien proche, s'il en existe. En effet, il porte : *De gueules au château flanqué de deux tours d'argent, maçonnée de sable, sur un tertre de sinople et accostée de deux lions grimpants d'or, au chef d'or, chargé d'une aigle de sable, couronnée de même, les serres étendues sur les tours.*

II. DES COMTES DE LANDRYANO DE PESME,

SEIGNEURS DE CHAMPAGNOLOT, EN BOURGOGNE;

CONCORDANCE DES BRANCHES

D'ITALIE, DE FRANCE, ET DE LORRAINE.

Les révolutions, les suites de la guerre dispersèrent en divers pays des membres de la Maison *De Landriano,* dont les branches y prospérèrent, comme le prouvent tous les documents.

Claude I De Landryano fut la tige de celle dite de *Pesme*, en Bourgogne, deux générations avant l'établissement de *Jean-Francisque De Landrian*, en Lorraine. A cette dernière époque vivait *Jehan De Landryano*, petit-fils de *Claude,* susnommé, et père de « noble illustre » *Loys De Landryano,* mari de Dame Dame Claudine de Malpar. Lequel Loys « enuoya *Claude II,* son fils, à Rome et à Milan, pour renouueler par titre, comme a esté faict, la liance et nom de leur grand père, d'où ils sont descendus originellement, comme aussy subsécutivement *Pierre De Landryano,* son frère, vers le seigneur illustrissime Nonce [1], et aux Pays-Bas, vers le seigneur seigneur *Don Ambrosio De Landryano,* Lieutenant général audit pays, de la Cheualerie pour Sa Majesté, ce que de mesme a aussy esté par eulx confirmé. L'insinuasion duquel renouuellement de titres fut fait audit Milan, le treizième d'auril 1570 ; item, le mesme titre fut subsécutivement aussy insinué le vingt et uniesme dudit mois et an, audit Rome [2]. » Don *Ambrosio* était frère de Don *Camille Landriani,* mort en Espagne, au service de cette puissance, et tous deux étaient fils du comte *Francisque.*

Le 22 septembre 1672, noble *Claude De Landriano,* seigneur de Chevigné-lès-Permès, reçut une attestation des Echevins-Jurés et Conseil de la ville de Pesmes, portant qu'il était fils unique de *Claude De Landriano* « *le vieux,* » seigneur de Champagnolot, lesquels étaient reconnus pour *vrais gentilshommes.* Ils s'intitulaient *De Landriano De Pesme,* et prenaient la qualité de chevalier, des plus considérables alors.

Cette branche s'éteignit sûrement dans la ligne masculine, à la septième génération, en la personne de *Claude IV,* seigneur de Champagnolot, car il instituait, au commencement du dix-huitième siècle, *Philippe De Maconnet,* son héritier, à défaut d'hoirs, fils de Claude de Maconnet et d'*Antoinette De Landriano De Pesme,* sa sœur.

Les armes des *Landriani* se voyent encore sculptées à Vérone et ailleurs ; elles sont connues et décrites telles qu'on l'a énoncé en tête de la présente Généalogie, celles des *Landriano De Pesme,* seigneurs de Champagnolot, ont été reconnues identiques, et il en fut de même à l'égard des comtes *De*

---

[1] *Marsilio Landriani,* Légat en France sous Henri IV, comme il a été dit plus haut.

[2] Bulle du Pape Pie V.

Landrian, en Lorraine. La conformité du nom et de l'origine est également hors de toute espèce de doute [1].

Une note de famille, en rapportant que *Francisque,* comte de Landriano, était l'un des officiers généraux de l'armée de Charles-Quint, en Allemagne, l'an 1547, mentionne qu'il devait être frère, neveu ou cousin de *Jean-Francisque De Landrian,* venu à la suite du duc Antoine. La précision de ce point, bien qu'intéressante, n'importe pas grandement au fond, attendu qu'on a les preuves les plus convaincantes en ce qui touche son extraction certaine de la Maison *De Landriano* d'Italie. Toutefois, ne négligeons pas de rapporter que dans le tableau généalogique produit pardevant l'Ordre de la Haute noblesse de Milan, en 1736, qu'un *Jean-Francisque De Landriano,* issu à la septième génération de *Jacobus,* feudataire de la ville et du château « De Vidigulphi, » en 1329, vivait avec postérité aux temps voisins, et du page [2] du duc Antoine, et des autres personnages cités tant dans la Bulle du Pape Pie V, que dans les titres de la branche *De Landriano De Pesme.* L'absence d'un arbre généalogique complet, le défaut de dates et d'indications suffisantes dans celui présenté en 1736, ne permettent pas d'affirmer si on doit trouver là le degré de fraternité qu'on serait fortement tenté de soupçonner non ailleurs.

Il n'est pas inutile de remarquer ici que la plupart des titres originaux et les plus importants, relatifs à la branche *De Landriano De Pesme,* sont devenus la possession de celle de *Landrian,* survivante, et cela naturellement, par la succession même des faits. On trouve que le 7 décembre 1657, noble Anthoine *De Tricornot,* seigneur du Tremblay, requit ouverture et lecture du testament, fait le 12 décembre 1656, par *Claude de*

---

[1] Bulle du Pape Pie V, en 1570, et production de titres, par Damoiselle Françoise Thouvenel, veuve de *René de Landrian,* en 1605.

[2] Ce titre de Page, de même que celui d'Archer des Gardes de Mgr le duc étaient fort distingués. On lit au commencement des *Commentaires* du célèbre Blaise de Montluc, « ayant été nourri en la maison du duc Antoine de Lorraine, et mis hors de page, je fus pourvu d'une place d'archer de sa compagnie, étant monsieur *De Bayard,* son lieutenant. » C'était dans ce temps *que Jean Francisque De Landrian* parut à la cour de Lorraine.

Landriano et damoiselle Claudine Guyemey, sa femme. Leur fils, n'ayant pas laissé d'héritier, ces pièces furent plus tard transmises à la branche qui continuait à en porter le nom, en Lorraine, et dans l'intérêt des alliances. Or, *François Errard De Landrian* épousa en 1802, Marie-Françoise-Alexandrine *De Tricornot*, sa cousine issue de germain.

Quoiqu'il en soit, on a cru pouvoir établir, non sans certitude, d'après les titres cités et les rapprochements historiques la concordance ci-contre (Voyez la planche) entre les branches de la Maison *De Landrian*, en Italie, en Bourgogne et en Lorraine.

III. Lettres *de grâce pour le sieur* Jean-Francisque de Landrian, *Escuyer, du feu duc Charles, du XXIIII mars mil cinq cent cinquante-huit.*

« Charles, par la grâce de Dieu, duc de Calabre, Lorraine, Bar, etc... Reçu avons l'humble supplication et requeste de *nostre cher et bien amé* Jehan-Francisque De Landrian, *Escuyer*, demeurant à Urville, terre et baronie de Beaufremont, Bailliage de Saint-Mihiel, contenant... » Ici sont narrées au long les circonstances qui avaient amené la mort 'de Me Symon Vouriot, curé du dit lieu d'Urville, « homme rioteux et haineux... qui vouloit picque et querelle à tout du dit village et avec lequel on ne pouvoit vivre et demeurer en paix. » Le dimanche 3 octobre 1557, *Jean-Francisque* passant près de la fontaine, vint un démêlé entre des habitants et Simon Vouriot, auquel, après s'être informé du motif, il avait dit : « Vous estes pour ung curé, fort quereleux, noysif et mutin, vous dussiez procurer la paix et vous mettez la noyse. » Me Symon s'échauffa de plus belle, dit à son interlocuteur « qu'il en avait menty » et tirant « un grand couteau qu'il portoit ordinairement avec luy » en porta un coup à Jean-Francisque, qui

MAISON DE LANDRIAN.

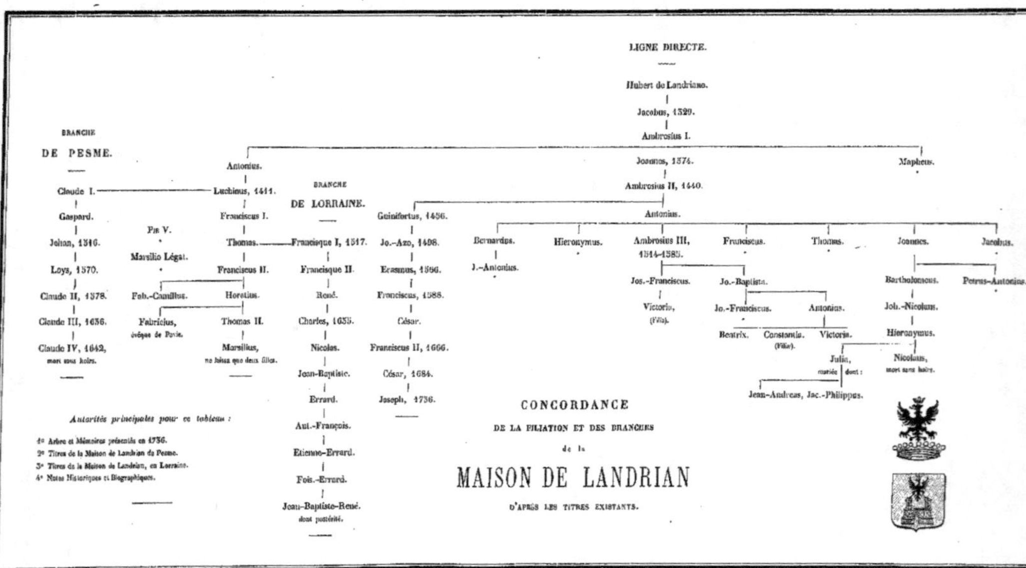

CONCORDANCE
DE LA FILIATION ET DES BRANCHES
de la
MAISON DE LANDRIAN
D'APRÈS LES TITRES EXISTANTS.

Autorités principales pour ce tableau :

1° Arbre et Mémoires présentés en 1736.
2° Titres de la Maison de Landrian de Pesme.
3° Titres de la Maison de Landrian, en Lorraine.
4° Notes Historiques et Biographiques.

fut blessé à la main et déchiré « en plusieurs points jusqu'à la chair, à l'endroit de l'estomac. »

Le mardi suivant, M⁰ Symon Vouriot lui rappela publiquement leur rencontre et l'injuria de nouveau « desquelles paroles irrité, le suppliant *qui est gentilhomme, homme de bien, et qui a toujours suivi et pratiqué les armes, tant en Italie que ailleurs où les affaires se sont présentées pour le service des princes*, mu de colère de se veoir ainsy villipender par ung qui n'éstoit de sa qualité, consultant que s'il étoit sceu en bonne compagnie avoir enduré telles choses et outraiges, elles luy pourroient retourner en grande honte et deshonneur, et ne se ozeroit jamais trouver *auec Gentilshommes ses semblables* qui auroient été » tira un coup d'arquebuse, « pensant seulement l'éspouvanter et non le blesser, » qui atteignit son provocateur, et lui fit une blessure dont il mourut le lendemain.

Jean Francisque « attendu « *qu'il ne fut jamais atteint d'aulcun vilain acte ou reproche*, fut vivement appuyé dans sa demande en rémission « par la prière et très-instante requête » des princesses sœurs du Duc, lequel déclara : « Quittons, remettons et abolyssons audit *Jehan-Francisque de Landrian* le cas de meurtre et homicide cy-dessus... et le remettons en sa *bonne fâme et renommée en nos pays...* »

..... A Cateau Cambresis, le jour du grand vendredy, 24⁰ jour de mars, l'an de grâce 1558, avant Pasques.

Signé : CHARLES.

Sur le repli :

Par Monseigneur le Duc,

Signé : C. Cuytot.

Registrata : Fournier.

Ce diplôme, cité dans des notes de famille et dans cette généalogie indique clairement l'extraction de *Jean-Francisque de Landrian*, sa qualité de Gentilhomme, et sa profession des armes, tant en Italie qu'ailleurs.

IV. *Le Pape* Pie V *reconnait qu'il est de la Maison de Landriani.*

Landriane nostra Familia *plerique nobilissimis in ciuitatibus tum Italiæ presentimque Mediolani et Urbini cum Gallia præclarissimis oppidus, sociisque ac præcipue in provincia Burgundiæ aucto et amplificato distinctas esse stirpe et gentilitate statuis nostra agnitione magnificentius et gloriosus* nobis autem ipsius gratus multo ac jucundus præclariusque esse constet, eoque et omnibus nostris latitis ceteris quam vita nobis prædicanda et præferenda gloriendaque optigerum maximè letandum et gloriosissimum et magnificentissimum esse censendum duximus, quod nuper nobilem ac magnificum juris utriusque doctorem Dominum *Claudium, nobilissimi Domini Ludouici De Landriano*, Scutiferi ac Domine de Champagnolot et primariæ nobilissimæque Domicella fœminæ *Claudia de Malpas*, fidelissimæ coniugis filium, suauiari et amplecti licuit, quam sano et litterarum a nostris ad suas maiores scriptarum testimonio planè est expressum, ita gentilitatem esse nostrum et exodem genere prognatum tandemque vebeti post licencio reuersum, ac diuinitus ad nos delegatum agnouimus et probabimus, eiusque presentia vehementer sumus latatis, et nos lætitia elatos ab aliis videri, et nostrum hoc gaudium omnibus perspectum atque omnino cognitum esse mirifico optamus, ipsumque nobilem *Claudium prositemur et gloriamur nostræ Familiæ, non solum nomine atque imaginibus nobilitatem præseferre ac sustinere, sed meritis etiam augere,* ac planæ voce ipsum prostram aggnotionem sonante, atque effigie ac simulacro rem prorsùs notandæ *Gentis Landrianæ* in gloria ac virtute sextanda anno jam centesimo, atque et amplius ex Burgundia, in Italiam retulisse, *et veteres nostræ Stirpis inicolos quosdam et semina* primo aspectu nobis omnibus excitasse quamobrem omnes oratos atque exoratos velimus, et ipsum Dominum *Claudium* ac præclaros eius, parentes, fratres et agnatos nostræ gentilitate, et eius ac Fratres nobis omnibus clarissimos esse, sibi planè persuaderent atque omnino judicent, omnique officio ac studio fouet, et dignitates atque honores accessionibus in dies magis ornare ne desinam, illud enim spondemus et in nobis ipsis recepimus forè, et cuiusque vel a summis quibuscumque Regibus, Principibus, vel magistratibus in *nostros Landrianos* profecturi officii nunquàm penetrat, nobisque omnibus id totum sic erit gratum quamquod gratissimum, nostram autem tantum hanc voluntatem ceteris deferri nostra quoque causa studio suis vehementiusque optamus, cuius sane testificamus gratia perpetuum ubique judicium et argumentum ac testimonium esse cupimus, nostrum hanc scripturam cuiusque nostram manuscriptam et obsignatam sigillo addita scilicet *inuictissimorum ac potentissimorum Imperatorum Maximiliani, Caroli et aliorum ob multa in Italiæ a nostris præsita in eorum majestates officia liberalitate data aquila variisque coloribus atque imaginibus aucto, quod sane sigillum Burgundis et nostris commune esse volumus*, eoque librarios seu tabelliones publicos et quos vocant notarios quoscumque rogamus ut quod non potest nobis non summe esse jucundum nostra, huiusmodi voluntatis, unum vel plura et ampla atque instrumenta cumscribant, subsignent *nostra Landrianæ Familiis Burgundis Clarissimi Domini Ludouici supra scripsi, Domini Claudii patris nobilibus agnatus in oppido De Pesmis* morantibus et presentem exibeant. Datum Romæ Ibus aprilis **M. D. LXX**, pontificatus verò sanctissimi nostri Pii, Papæ quinti, anno quinto.

Ego, *Josephus-Franciscus Landrianus*, comes, consiliarius Regis Maiestatis Catholica, at straticos ciuitatis Messinæ, pro eadem Maiestate Regia, et suprà confirmando, attestando, approbando, et declarando mea manu scripsi et sigilli proprii appensioni muneri jussi in fidem, *Il comte De Landriani;* Ego *Marcilius Landrianus, Dominus ac Comes castri Vidigulfi*, et sanctissimi Domini Papa utriusque signature refendarius mea manu scripsi et sigilli appensione munere jussi ut suprà certificando et confirmando.

At ergo quarum quidem litterarum scriptum est : Magnificus Dominus Lelius, Jordanus aduocatus Romanus medio juramento regnouit subcriptiones *et personas* retrò scriptorum *Comitis Josephi-Francisci Landriani,* et Reverendissimi Domini *Marcilii Landriani,* utriusque signaturæ sanctissimi nostri Papæ Refendaria medio juramento tacto et pectore more prælatorum recognouit litteras subscriptiones *et personas Illustrissimi Comitis Josephi-Francisci Landriani,* et ipsius R. P. V. *Marcilii,* proprias ac eorum sigilla capsulis stameis in cera rubra in formâ.

(*Vidimé* sur la requête présentée au Parlement de Dôle, le 27 août 1591, par *Pierre De Landriano,* Docteur ès-droits.)

V. *Damoiselle* Françoise Theuenel, *ou* Thouvenel, *veuve de feu sieur René de Landrian, vivant écuyer, justifie de la noblesse de son mari et de son origine d'Italie.*

« Du vendredy, vingt-huitiesme janvier, mil six cent et cinq, pardeuant Mammes Collin, Licentiez ez-droitz, Lieutenant-Général au Bailliage de Bassigny » la qualité d'écuyer (c'est-à-dire, à cette époque, le titre d'Ancien chevalier), était contestée à sa veuve par les habitants de Bourmont, à ce qu'il paraît. Le Procureur général requérait que cette qualité d'écuyer « attribuée au sieur feu De Landrian fut rayée jusqu'à ce qu'on ayt fait paroistre qu'elle luy appartient. » D'autre part, noble Etienne De Roncourt, intimé aussi, demandait le renvoi de la cause, vu la production de pièces qu'il avait contre les habitants de Bourmont.

« Ladite Damoyselle, vefue dudit feu sieur *De Landrian,* a requis la mesme chose, pour nous monstrer selon qu'elle a dit trop passionné de leur part, empeschant que la qualité d'escuyer, laquelle appartient au feu sieur son marit, soit rayée ; *puisqu'il est véritable que iceluy et tous ses feu père, ayeul , bisayeul et autres ancestres ont jouys de ladite mesme qualité, comme estant vrayment issus de Race noble et bien recogneue en Italie, d'où ledit feu sieur Jehan Francisque de Landrian, père du feu sieur son mari est venu, ayant iceulx tousiours esté tenus, asseurés en le pays, pour Gentilshommes et jouy de la qualité d'escuyer, tant en jugement que dehors, sans qu'elle leur ayt esté jamais debattue,* protestant de la vériffier sy besoing, fait aux despens de nous (le Procureur général) qu'elle a dit estre dénonciateur, et de tous autres qu'il appartiendra , *et de se maintenir en ladite qualité.* »

Le Procureur général répliquait que ladite Damoiselle était tenue de faire preuve de cette qualité, par titre de S. Altesse ou de Princes souverains, ajoutant prudemment : « *Ne sommes denonciable, se non qu'ayant recogneu la qualité d'escuyer,* nous auons desclaré que nous ne l'entendons jusqu'à ce que Son Altesse y auroit ordonné ; sur quoy ledit sieur Procureur reuiendra aux prochains jours. (Signé, *Blancheuoye.*)

« Et le vingt-deuxiesme desdits mois et an, laquelle *Damoiselle De Landrian, a représenté à nous susdit Procureur, certaines Lettres-Patentes obtenues de Son Altesse, par le défunt sieur* JEHAN-FRANCISQUE DE LANDRIAN, *père du feu* RENÉ DE LANDRIAN, *son marit, par lesquelles sa dite Altesse le qualifie Escuyer et Gentilhomme, en diuers endroits,* en date du vingt-quatriesme mars , mil cinq cens cinquante-huit , auec deux prouisions de l'estat de Capitaine du chasteau de Beffroymont, fait au nom du feu sieur *René de Landrian,* marit d'icelle, fils dudit feu sieur *Jehan Francisque.* L'une du feu sieur *Comte de Tornuel;* l'autre de Dame Isabelle, *comtesse De Challand,* desquelles ladite Damoiselle a dit ledit feu sieur son marit, *auoir esté trez bien cognu comme estant tous originaires d'ung mesme pays.* Lesdites prouisions datées des vingt-sixiesme juillet mil cinq cent quatre vingt et unze, et unziesme aoust mil cinq cent quatre vingt et sept, par lesquelles prouisions signées en placcart, ledit sieur son marit *est qualifié escuyer, auec ses armes en escusson de ung aigle et deux tours,* le tout pour faire paroistre de ladite qualité, *dont son dit marit et ses ancestres ont jouys par tout acte en justice et dehors, depuis qu'ilz sont en ce pays, sans qu'ils ayent vescut autrement que noblement,* lesquelles pièces veues , nous nous sommes deportés de nostre interuention, et de quoy ladite Damoiselle a requis act. » (Sentence du 28 janvier, comme il est énoncé ci-dessus).

Pour extrait du registre du Bailliage de La Mothe, signé, *Blancheuoye.*

(Sur l'original du titre et sentences , dans le cartulaire de la Maison De Landrian.)

VI. *Sépulture de* CHARLES DE LANDRIAN, *dans l'abbaye ducale, puis royale de Clairlieu-lez-Nancy.*

« Extrait de ce qui se trouue, et est escrit sur la lame de marbre de l'épitaphe de *Charles De Landrian,* qui est en l'église de l'abbaye de Clairlieu, Ordre de Cisteau , près de Nancy [1], attachée au quatrième pilier en entrant à main droite. Cet extrait se conforme de mot à mot, a esté collationné par le Tabellion général en Lorraine, notaire publique par l'autorité apostolique deüment immatriculé ès archives de cour de Rome, résidant à Nancy, soubsigné, qui s'est exprès transporté en ladite abbaye, en présence de Dom Jean De Pouilly, Prieur, et de Dom Pierre Mouchenaire , religieux de ladite abbaye, tesmoins qui ont signé auec ledit notaire, cejourd'huy 24 aoust 1702.

F. De Pouilly. F. Mouchenaire. François, notaire apostolique.

---

[1] Ce monastère avoit été fondé par Mathieu Ier, Duc de Lorraine, l'an 1489. Il y mourut parmi les religieux, et y élut sa sépulture. A son imitation, les Seigneurs les plus qualifiés l'adoptèrent pour leur dernier lieu de repos, aussi l'église de Clairlieu, une des plus magnifiques du pays, était-elle remplie de monuments funèbres, titres matériels qui servaient à l'histoire des nobles maisons du pays. Tout a disparu en 1790, la charrue et la bêche ont nivelé le sol depuis.

Hic jacet

Carolus De Landrian

Eques, Landrianorum ab Stirpe Italis clarâ,

Natus est in Mottæ in Bassiniaco, pueritiam mitiores litteræ, adolescentiam Biturgum, famosæ leges, legumque laurea ornarunt ; ab hinc Serenissimo Henrico secundo in summum atque intimum Consilium optatus ; in eo amplissimo munere, reliquam Nanceii ætatem peregit, at Mottam contendens, urbem natalem, unâ cum filio ac amicis itineribus infestis, in Alano, cui cognomentum a bobus, dum nocte concubiâ hospitium urget ab hospite, quem in causâ magni momenti proterrerat inhospitali claude traiectus, excessit a viuis ætatis suæ anno 46, salutis verò 1635, mensis augusti die vigesima sexta. Fecit monumentum suo amantissimo patri, carissimus et obsequentissimus eius Filius *Nicolaus De Landrian.*

Requiescat in pace. »

———

En 1778, autre acte de reconnaissance de cette inscription funéraire fut dressé à la requête d'*Etienne-Errard De Landrian*, chevalier, seigneur d'Outremécourt et de Saint-Alarmont, et *Jean-Baptiste De Landrian*, chevalier, seigneur d'Angeville, qui exposèrent que *Charles De Landrian*, chevalier, conseiller d'Etat, leur quadrisayeul, avait été enterré en l'année 1635, dans l'église de l'abbaye royale de Clairlieu, où se voyait son épitaphe dont ils avaient besoin de posséder un extrait authentique « étant important pour eux de posséder tons les titres et documents qui intéressent leur filiation, » demandant, suivant l'usage réglementaire alors, l'assistance d'un commissaire *ad hoc*, pour procéder à ces fins.

En conséquence, le 4 mars 1778, à trois heures de relevée, François Noël, conseiller au Bailliage royal de Nancy, assisté de son greffier, et en présence de *Jean-Baptiste De Landrian*, étant à Clairlieu, Dom Theodore Habourg, docteur en Sorbonne, abbé régulier de ladite abbaye, leur indiqua près le cinquième pilier qui terminait l'arcade, du côté de l'épître, en entrant dans l'église, une lame de marbre noir, dont l'inscription en lettres d'or, est la même que celle rapportée ci-dessus. Le procès-verbal ajoute que cette épitaphe était surmontée des armes de la Maison de Landrian « qui sont : « *d'or, au château de sinople, maçonné de sable, flanqué de deux tours crénelées au sommet, et en chef, une aigle de sable, éployée, becquée et diadémée de gueules, tenant ses serres étendues sur l'une et l'autre tour.* »

Au bas « se trouvaient également les armes de Dame *Begnine Plumerel,* son épouse, et qui sont : *d'azur, au chevron d'or, accompagné de trois colombes d'argent, deux en chef, une en pointe.* »

Du tout, il fut dressé acte, en présence de Dom Habourg, abbé; Dom Nouet, prieur; Dom Joseph Muguet, procureur; et Dom Monnier, curé; de messire Nicolas Marizien, conseiller-trésorier de S. A. R. Mgr le Prince Charles de Lorraine, etc.; du sieur Philippe-Joseph-François-Xavier De Verdières, chevalier, capitaine d'infanterie, trouvés dans ladite abbaye, et le chevalier *De Landrian,* Noël et Beau, greffier; aux jour et an avant dits.

VII. *Epitaphe de* Nicolas De Landrian, *dans l'église de Guedreville.*

« Extrait de ce qui est escrit sur la lame de marbre de l'épitaphe de *Nicolas De Landrian,* qui est en l'église de la paroisse Saint-Remy de Guedreville, dépendant de la Baronnie de Baufremont, attachée à l'arc doublet du sanctuaire qui le sépare du chœur, à main droite en entrant du côté de l'épître : »

D. O. M.

« Icy repose le corps de *Nicolas De Landrian,* viuant Ecuyer et Lieutenant au Gouvernement de la cy-deuant ville de La Mothe, place frontière des Etats de Son Altesse Sérénissime Charles quatre, *qu'il a défendu pendant ses trois siéges, par des exploits dignes de sa fidélité et à ses frais,* à cause de l'éloignement de son Prince ; il est mort le dernier septembre 1667. »

« Priez Dieu pour son âme. »

« Lequel extrait se conforme de mot à mot, ayant été collationné par moy, Jean-Baptiste Michel, tabellion en la Baronnie dudit Beaufremont, etc. » (Suivent ici les signatures des témoins), le 5 octobre 1712.

Cependant le tabellion avait négligé de tirer copie d'une sentence ou moralité, à la louange du défunt, et qui se trouvait au bas de l'épitaphe en Français. Elle a été heureusement rapportée dans un pareil acte, vers la même époque.

D. O. M.

« *Sententia nobili D. N. De Landrian.* »

« Est aquilæ fixis solem cœlumque tueri, nobilis est celsi Principis alta sequi firma sedes turris, spes est aurea aquila virtus in fundo titulat, stemmates ecce decus innixus gallæ pullus mater sic nititur arci gignitur hinc genitis a genitore genus impia quem tumulat mors hunc fert virtus in altum, vivat laus pueris ut redivivus eat immemor hanc tumuli, quæso, memorare sepulti, mox age, die horat voce pregante tuas. Obiit M. D. C. LXVII, ultima septembris. »

« Requiescat in pace. »

En voici la traduction :

A DIEU, TRÈS-BON, TRÈS-PUISSANT.

Pour Messire N. De Landrian, Ecuyer.

Il est de la nature de l'aigle de pouvoir fixer les rayons du soleil, et c'est le privilége de la noblesse de pouvoir concourir aux grands exploits du prince.

Dans les armes de celui-ci la tour est le symbole d'une fidélité à toute

C.

épreuve ; l'aigle, de l'espérance, et la vertu brille sur un champ d'or ; il en a rempli l'emblême, il n'a pas plus abandonné la tour, que le poussin la mère qui l'a vu naître. C'est par cette conduite que la noblesse passe du père aux enfants, et que la vertu porte aux cieux celui que la mort impitoyable ensevelit dans le tombeau. Que ses enfants jouissent de sa gloire, qu'il revive en eux, sans cependant oublier qu'ils doivent mourir.

Passant, souviens-toi toutefois du défunt, et dès ce moment même, adresse pour lui tes prières à Dieu tout-puissant.

Sa mort arriva le dernier jour de septembre de l'an 1667.

Qu'il repose en paix.

Cette petite paraphrase, bien sentie, touchant la Maison *De Landrian*, répond naïvement, et sans emphase aucune, à la courageuse conduite de *Nicolas De Landrian*, lors des trois fameux siéges de La Mothe, ce dernier boulevard de la nationalité lorraine, tombé avec honneur sous les coups d'adversaires bien supérieurs en nombre. Les Lorrains n'étaient pas de leur nature fort louangeurs ; la pratique des vertus privées, civiques ou militaires semblait à leurs yeux, ici particulièrement, découler comme de source. Il fallait sans doute un caractère aussi élevé que celui de *Nicolas De Landrian*, pour vanter en lui le vaillant soldat et le dévoué sujet, choses qui paraissaient toutes naturelles en elles-mêmes. Remarquons que le mot *nobilis*, appliqué en tête de la moralité, au défunt, signifie, à la lettre, illustre de race, et non pas noble seulement ; ce qu'il eût été inutile de mentionner, puisque le titre d'écuyer, ou chevalier, d'ancienne noblesse, suit immédiatement.

VIII. *Lettres-patentes de reconnaissance de la noblesse ancienne de la Maison* DE LANDRIAN, *par Léopold Ier, Duc de Lorraine et de Bar.*

Près de trois-quarts de siècle, la Lorraine devint le théâtre des plus funestes débats qui surgirent de la guerre de trente ans. Charles IV, son souverain, ayant attiré sur lui les armes de la France, succomba dans la lutte, et l'autorité ducale disparut jusqu'au traité de Ryswick, qui rendait cet État à son petit-neveu, Léopold Ier, en 1698.

Un des premiers soins du nouveau duc fut d'effacer, autant qu'il était en lui, les traces de ces calamités qui avaient dépeuplé le pays et réduit la noblesse lorraine aux plus dures extrémités, sans la faire fléchir.

Par devoir comme par reconnaissance, Léopold Ier s'empressa de se montrer sensible à tant de dévouement à la race de ses ancêtres, à cette tenacité au sol natal, ce qui venait d'être couronné de succès, en s'efforçant de rendre à la noblesse son premier lustre, non pas, il est vrai, en la reconstituant en Assises, ou pouvoir constitutionnel, comme auparavant, mais en mettant en relief les services antérieurs, sûrs garants de ceux à venir.

Dans cette réorganisation générale, *Nicolas* et *Errard de Landrian,* durent naturellement présenter leur requête pour faire admettre, si besoin était, leur état de gentillesse. Outre les preuves par chartres et diplômes, circonstance fort rare alors, la notoriété publique aurait suffi, car aucun de la Maison des exposants n'avait voulu quitter le pays.

LÉOPOLD, par la grâce de Dieu, Duc de Lorraine et de Bar, Roy de Jérusalem, Marchis, Duc de Calabre et de Gueldres, Marquis du Pont-à-Mousson et de Nomeny, Comte de Prouence, Vaudémont, Blamont, Zutphen, Saarwarden, Salm, Falkenstein, etc. *A tous présens et à venir,* SALUT. Nos amés et féaux *Nicolas De Landrian*, Conseiller-Assesseur en notre Bailliage du Bassigny, et *Errard De Landrian*, aduocat en nostre Cour souveraine de Lorraine et Barrois, son frère, nous ont très-humblement fait remontrer *que leur Famille est originaire du Milanais*, et qu'encore bien que *Jean-Francisque De Landrian*, leur autheur, qui en est sorty, n'eût pas apporté auec luy les Lettres de noblesse, ni les aultres tiltres qui les accompagnent, parce qu'ils restèrent aux aisnéz, qui ont toujours demeuré dans cette prouince, il n'a pas pour ce laissé de son viuant et ses successeurs après sa mort, de jouir de tous les honneurs et priuiléges de noblesse, s'estant toujours attachés au seruice de leurs Princes et de l'Etat ; *Jean-Francisque De Landrian* et *René*, son fils, estants morts dans le seruice des armes, et *Charles De Landrian*, fils dudit *René De Landrian*, ayant mérité par ses seruices et son attachement d'estre mis au nombre des Conseillers d'Etat de feu le Duc Henry ; dans laquelle qualité il est mort, soubs le règne de feu nostre très-honnoré Seigneur et grand-oncle, Charles IV, de glorieuse mémoire, comme il se voit par le breuet du vingt et unième apuril mil six cents vingt-deux. Lequel s'estant toujours serui, de même que ses prédé- cesseurs, des armes de *Landrian*, les fit mettre au-dessus de l'épitaphe de son père, dans l'église de l'abbaye de Clerlieu, proche Nancy, dont l'extrait est ci attaché sous nostre contre-scel, daté du vingt-sixiesme aoûst, mil six cents trente-cinq. Ce dernier qui est l'ayeul des exposants, ayant deffendu La Mothe comme volontaire et Lieutenant au Gouuernement de ladite ville, où ayant esté obligé de succomber, il se retira sur son bien, à la campagne, plutôt que d'auoir voulu s'engager dans le seruice étranger, et *Jean-Baptiste De Landrian*, son fils, père des remontrans, estant mort dans la fleur de son aage, la Damoiselle Claude De Billard, leur mère, qui les destinoit à nostre seruice, auroit vendu son bien, scitué en France, pour les éleuer et réunir toutes leurs possessions dans nos Estats, de manière que l'aîné des sup- pliants a l'honneur d'estre pourueu d'un office de Conseiller en nostre Bailliage du Bassigny, et son cadet estant actuellement à la suite de nostre Cour Souveraine pour se rendre capable de nous scruir, et comme ils n'ont aucun tiltre constitutif de noblesse, mais seullement une possession de plus de deux cents années, justiffiée par plusieurs contrats de mariage, actes de filiation, arbres de lignes et autres actes publicques, contenus en l'inventaire cy-joint et attaché auec lesdits tiltres soubs nostre contre-scel, qui font connoître clairement que les suppliants *descendent en ligne directe des Landrian d'Italie;* ledit *Jehan-Francisque* ayant eu pour fils *Jean-Francisque,* marié à Marguerite Gérard, desquels est sorty *René de Landrian,* qui espousa Françoise Thouuenel, et qui eurent pour fils ledit *Charles De Landrian,* Conseiller d'Estat, lequel ayant espousé Damoiselle Benigne Plumeré, eurent de leur mariage *Nicolas De Landrian,* qui espousa Damoiselle Philbert Tranchot, dont *Jean-Baptiste De Landrian* est issu, qui se maria auec Damoiselle Claude De Billard, desquels les suppliants sont issus. Tous lesquels tiltres ayant été produits, vérifiés et certiffiés véritables par nostre cher et féal Conseiller d'Estat, le Procureur-Général en nos Chambres des Comptes, le sieur De Vignolles, ils nous ont fait très-humblement supplier leur accorder nos Lettres de reconnoissance, de leur permettre de faire insinuer et blasonner leurs armes dans les registres de nostre Hérauderie, pour estre enregistrées par après en nostre Chambre des Comptes, et Voulant traiter fauorablement lesdits *De Landrian,* les obliger à s'attacher à nostre seruice et leur témoigner la reconnoissance qui nous reste des seruices rendus par leurs autheurs, De l'auis des Gens de nostre Conseil, et de nostre grâce spéciale, pleine puissance et authorité souueraine, Nous avons déclaré et déclarons *Lesdits Nicolas* et *Errard De Landrian, issus en ligne directe de Jean-Francisque De Landrian,* qui auoit espousé Jeanne-Françoise, duquel ils sont issus au septième degré de filiation, en conséquence leur auons permis et permettons *de se dire et nommer estre descendus d'Icelui, et user de sa noblesse,* ainsy que luy et ses successeurs jusques aux Suppliants en ont jouy et de ce jouyr, *porter leurs armes anciennes et accoustumées,* qui sont *d'or, à un chasteau de sinople, maçonné de sable, flanqué de deux tours de mesme et crenelées au sommet; en chef d'un aigle de sable, éployé, becqué, armé et diadémé de gueules, tenant ses serres estendues sur l'une et l'autre tour,* UN CASQUE DE GENTILHOMME, *grillé à l'ordinaire, surmonté d'un aiglon aussi de sable, ayant pour support un lambrequin aux couleurs et métaux de l'escu,* ainsy qu'elles sont cy après empreintes et blasonnées, les faire inscrire, empreindre et releuer dans leurs maisons, sépultures et autres édifices, et icelles enregistrer dans les registres de nostre Herauderie, et partout ailleurs où besoin sera, et généralement jouir et user de tous les droits, priuiléges et prérogatives, prééminences, honneurs, franchises, libertez, exemptions, rang, séance, et aultres immunités de noblesse, *dont jouissent les Anciens nobles de nos Estats,* tant et sy longtemps qu'ils ne feront act dérogeant à noblesse. SY DONNONS EN MANDEMENT à nos chers et féaux les Président, Conseillers et Auditeurs et Gens tenants nostre Chambre du Conseil et des Comptes de Bar, Bailly du Bassigny, Lieutenant-Général, Conseillers et Gens tenants ledit Bailliage, à Bourmont, et à tous nos officiers justiciers, hommes et sujets qu'il appartiendra, que ces présentes ils fassent enregistrer, et du contenu en icelles jouyr et user lesdits *Nicolas* et *Errard De Landrian*, et *leurs descendants nés et à naître* en loyal mariage, pleinement, paisiblement et perpétuellement, cessant et faisant cesser tous troubles et empêchements qui pourroient leur estre faits au contraire, CAR AINSY NOUS PLAIST, et affin que ce soit chose ferme et stable à toujours, nous auons aux présentes signées de nostre main et contresignées par l'un de nos Conseillers, Secrétaire d'Estat, commandemens ès finances, fait mettre et appendre nostre grand scel. Donné à Lunéville, le treizième juillet mil sept cent trois.

LÉOPOLD.

Et sur le repli : *Par Son Altesse,* signé : *S. M. Labbé.*

(Copie sur l'original des Lettres-patentes. Il en existe aussi la minute dans le recueil d'Hérauderie de Lorraine, par Charles, héraut d'armes en titre.

XI. Ordonnance *d'entérinement des Lettres-patentes du Duc Léopold.*

Les Président, Conseillers, Auditeurs et Maistres en la Chambre des Comptes du Conseil du Duché de Bar, qui ont veu les Lettres-patentes d'autre part, et par Son Altesse Royale, à *Nicolas De Landrian,* Escuyer et Conseiller au Bailliage de Bassigny, séant à Bourmont, et à *Errard De Landrian,* aussy Escuyer, en la Cour, le treize juillet mil sept cent trois, la requeste par eux présentée à la Chambre, tendante auquel veu les pièces y attachées, la jouissance de leur noblesse, il luy plaise enthériner les dites Lettres, ordonné qu'elles seroient exécutées selon leur forme et teneur, pour par eux, leur postérité et lignée, née et à naistre, jouir du bénéfice d'icelles, et de tous les droits et immunités attribuées *aux Gentilshommes reconnus;* le CONTRAT DE MARIAGE entre *Jean-Francisque De Landrian d' Vrville,* escuyer, demeurant à La Mothe, et damoiselle *Margueritte Gerard,* passé par deuant Poery et Regnault, notaires, le seize féurier mil cinq cents soixante et treize; LE CONTRAT DE MARIAGE d'entre *René De Landrian,* escuyer, archer de la Garde de S. A. et Capitaine de Beaufremont, demeurant à Vrville, et Damoiselle *Françoise De Thouuenel,* passé à Allaimont, le quinze nouembre mil cinq cens quatre-vingt-sept, pardeuant Nicolas Guillaume et Nicolas La Barre, tabellions jurez au Bailliage de Bassigny, et sentence rendue au Bailliage de Bassigny, le vingt et un janvier mil six cent cinq, entre Nicolle, veufue de François Gellé, appelante, contre Damoiselle *Françoise De Thouuenel,* veufue dudit sieur *René De Landrian,* employée pour justifier que ledit *René* étoit fils de *Jean-Francise De Landrian;* AUTRE CONTRAT DE MARIAGE d'entre *Charles De Landrian,* fils de *René De Landrian,* et de Damoiselle *Françoise Thouuenel,* ses père et mère, d'une part, et Damoiselle *Begnigne Plumeré,* d'autre; passé le onze mai mil six cent dix, pardeuant Nicolas Vincent et Gabriel Masson, notaires et tabellions de la sénéchaussée de La Mothe et Bourmont; AUTRE CONTRAT

DE MARIAGE de *Nicolas De Landrian*, écuyer, fils de *Charles De Landrian*, escuyer, Conseiller d'Etat de Son Altesse, et Damoiselle *Begnigne Plumeré*, et Damoiselle *Philbert Tranchot*, d'autre part, passé par deuant Jean Collin, tabellion à Beaufremont, et les tesmoings y dénommez, le huit nouembre mil six cent trente-sept; AUTRE CONTRAT DE MARIAGE d'entre *Jean-Baptiste De Landrian*, escuyer, auocat au Parlement de Metz, fils de *Nicolas De Landrian*, et Damoiselle Philbert Tranchot, ses père et mère, d'une part, et Damoiselle Claude De Billard, d'autre, passé par deuant Philippe Mouginot, notaire royal, tabellion garde note héréditaire en la preuosté de Coissy, et les tesmoings y dénommez, le vingt-cinq nouembre mil six cens soixante et quatorze; LES EXTRAITS BAPTISTAIRES desdits sieurs *Nicolas* et *Errard De Landrian*, fils dudit *Jean-Baptiste De Landrian*, et de Damoiselle Claude De Billard, du trente octobre mil six cent soixante et dix-sept, et vingt-quatre septembre mil six cent quatre-vingt et quatre, bien d'heument légalisées, toutes les dites pièces employées et seruant à justiffier la filiation des Suppliants, tout considéré : LA COUR A ENTHERINÉ ET ENTHERINE les dites Lettres-patentes, du treize juillet mil sept cens trois, ORDONNE qu'elles seront suiuies, exécutées selon leur forme et teneur pour par lesdits *Nicolas* et *Errard De Landrian, leur postérité et lignée, née et à naistre* en loyal mariage, jouir du bénéfice d'icelles, et de tous les droits, immunitez et priuiléges attribués aux Gentilshommes reconnus; ORDONNE que lesdites Lettres seront registrées au greffe de la Chambre, pour y auoir recours quand besoing sera. Fait à Bar, en la Chambre du Conseil et des Comptes du Duché de Bar, le quinze septembre mil sept cens trois.

D'alençon, Président; *De l'Escamoussier, Cachedenier,* Rapporteurs; *Jobart, Hannel, De La Mone* et *Maillart,* tous Conseillers et Maistres en ladite Chambre, présens.

X. *Droits honorifiques en l'église d'Outremécourt, pour Messieurs De Landrian.*

En 1704, Messire *Nicolas De Landrian*, prêtre, curé d'Outremécourt, représenta à Mgr Henry Thiard De Bissy, évêque et comte de Toul, que la cure dudit Outremécourt avait été presque abandonnée depuis l'établissement de la ville de La Mothe, par Thibaut, Duc de Bar, vers le milieu du XIIIᵉ siècle, et le village réduit à quelques habitations ; La Mothe ayant été rasée en 1645, Outremécourt se repeupla, mais l'église paroissiale n'existant plus, feu *Joseph de Landrian*, chanoine de l'église collégiale de La Mothe, donna la chapelle dépendante de la maison autrefois seigneuriale, pour servir d'église paroissiale, de laquelle *Jean-Baptiste De Landrian*, frère dudit *Nicolas*, et les héritiers dudit *Joseph De Landrian*, ont toujours joui des droits honorifiques comme patrons de cette chapelle, qui n'a cessé d'appartenir à ses ancêtres qui la firent bâtir. Cette chapelle, devenue insuffisante, les habitants l'ont supplié d'en faire reconstruire une autre, de sorte qu'on peut le regarder *lui et sa famille pour les véritables fondateurs de cette église*, l'ayant bâtie et dotée ; qu'il avait de plus soutenu des procès considérables contre les chanoines de La |Mothe pour conserver les droits de sa famille, vis-à-vis cette chapelle, et pour tous ceux qui y sont attachés, tant pour lui que pour Damoiselle *Claude De Billard*, veuve dudit *Jean-Baptiste De Landrian*, les sieurs Nicolas et Errard *De Landrian*, écuyers ; *Charles-François Du Moulin*, aussi écuyer, seigneur d'Affleville et d'Aingeville, au nom de Dame *Claude De Landrian*, son épouse ; et *Jean-Paul De Greiche*, chevalier du Saint-Empire, seigneur d'Hagnéville, Bifontaine, Lapouillière et Mouscheu-la-Petite, au nom de *Marie De Landrian*, son épouse ; offrant encore ledit sieur De Landrian, d'acheter le fonds sur lequel l'église était bâtie, et qui était encore à payer, à condition, et non autrement, qu'après la mort de Damoiselle Claude De Billard, le droit de nommer et présenter à la cure leur sera dévolu.

L'évêque de Toul, considérant toutefois que le droit de patronage était un cas réservé au Pape, arrêta : Auons accordé et accordons les droits honorifiques dans l'église dudit Outremécourt, à ladite Damoiselle *De Billard*, et après elle, aux sieurs *Nicolas* et *Errard De Landrian*, *François Du Moulin* et *Jean-Paul De Greiche*, et dame *Claude* et *Marie De Landrian*, leurs épouses, et à leurs successeurs, nés et à naistre, tant qu'il y en aura audit Outremécourt, à l'exclusion de tous autres.

HENRY, Evêque, Comte de Toul.

(Sur le diplôme : Du 14 décembre 1704.)

Confirmation desdits droits par son successeur, François, le 12 avril 1707.

XI. *Errard De Landrian justifie de ses qualités pour le droit seigneurial de colombier.*

Le 18 octobre 1711, *Errard De Landrian*, écuyer, présenta requête au duc Léopold, pour qu'il plut à S. A. « le maintenir et garder aux droits et possession qu'il a d'un colombier, en sa maison d'Outremécourt, avec défense à toute personne de l'inquiéter.

Il était dit de plus « qu'il n'est pas difficile de conserver à cette maison, qui est l'ancien château des seigneurs d'Outremécourt, laquelle a passé aux auteurs du suppliant « *gens de qualité, et qui ont toujours vécu noblement par les charges et emplois qu'ils ont eu dans vos états* » ce colombier, du consentement des habitants du lieu, donné le 21 août précédent, et qui déclarèrent que l'ayeul d'Errard, avait mis ses armes au-dessus de l'entrée principale de son habitation, en place de celle des anciens seigneurs, ajoutant que les terres et héritages qui en dépendaient « *ne dîmaient qu'a la treizième gerbe,* » ce qui leur était des plus avantageux.

Sur ce, le Duc en son Conseil, déclara : « Auons maintenu et gardé le suppliant au droit et possession où il est, *tant par luy que par ses autheurs*, d'auoir un colombier à pigeons en sa maison d'Outremécourt, *conformément à ses titres* des années 1574, 1624, et autres énoncés en la présente requeste. » Signé Léopold. Du dix auril 1712.

XII. *Erection du fief de Saint-Alarmont* [1], *en faveur d'Errard De Landrian.*

« François, par la grâce de Dieu, Duc de Lorraine et de Bar, etc., à tous présens et à venir, salut : *notre amé et féal le sieur Errard De Landrian, seigneur d'Aingeville,* nous a très-humblement fait remontrer qu'il possède dans le village d'Outremécourt *un bien considérable*, qui étoit l'ancien château dudit lieu, avec droit de colombier..., suppliant de vouloir luy ériger ce bien en fief, et luy confirmer le droit de colombier, et luy concéder le droit de chasse et de pesche pour sa personne, *et voulant le traiter fauorablement, en considération de son ancienne noblesse, des seruices rendus par ses ancestres aux Ducs nos prédécesseurs, ceux qu'il a rendu lui-même,* et l'engager à Nous les continuer..., auons par ces présentes, créé, érigé et décoré, créons, érigeons et décorons, en titre et qualité de fiefs, sous le nom et qualification de *fief de Saint-Alarmont*, la maison appelée l'ancien château qui lui appartient à Outremécourt..., à laquelle maison nous auons confirmé et confirmons le droit de colombier..., en outre, accordons, octroions et unissons audit fief, le droit de chasse et de

---

[1] Saint-Hilairemont, Alairmont, ou Saint-Alarmont, était le nom d'un château fortifié à La Mothe, plus ancien que la ville, et qui en faisoit comme la citadelle; la collégiale de cette ville s'appelait ainsi. Nicolas I de Landrian fut un des derniers défenseurs de cette forteresse, et après sa ruine et celle de ses édifices religieux, Nicolas II, son fils, chanoine, reconstruisit une église à Outremécourt avec les débris de la collégiale. François III songeait à perpétuer tous ces souvenirs, et de la ville si héroïquement défendue et les services de ses fidèles et dévoués Lorrains, en créant un fief à Outremécourt, sous ce nom de Saint-Alarmont, qui, alors, résumait tout l'historique de cette fameuse époque.

pesche personnel, dans l'étendue du ban et finage dudit Outremécourt, pour par ledit *sieur De Landrian*, ses hoirs, successeurs et ayant cause, possesseur dudit fief, à perpétuité en jouir , auec droits, priuiléges , franchises, exemptions et immunités..... Sy donnons en mandement, etc.

Donné à Lunéville, le 12 juillet 1750.   Signé, Fʀᴀɴçᴏɪs.

XIII. *Inscription tumulaire d'Errard De Landrian, et d'Antoine-François, son fils.*

Messire *Errard De Landrian*, écuyer, Conseiller au Bailliage de Bassigny, mourut le 10 février 1748, et son fils messire *Antoine-François De Landrian*, chevalier, seigneur d'Alarmont, décéda le 22 mars suivant. C'est cette fin si précipitée qu'on déplore dans leur épitaphe, qui était placée dans la chapelle de Saint-Nicolas, de l'église paroissiale de Bourmont.

————————

Hic Patris et Nati simul ossa quiescunt ;
Landria cum tantis gloria quanta viris !
Jungere cur prolem citiùs voluere parenti,
Fata ! quibus dignum vivere semper erat.
Caussidici frustra reboat clamore Senatus
His ducibus, cunctis reddidit æqua Themis ;
Quæ sit est perfecta cupis cognoscere laudem?
Sat dixisse : pater plebis uterque fuit.
Conjugis, hæc soceri et sponsi cœlata sepulchro
Carmina, perpetuum pignus amoris erunt.

Ces vers peuvent être rendus ainsi :

Ici reposent ensemble les restes mortels du père et du fils, avec le renom de leurs ancêtres *De Landrian*. Par quelle fatalité devaient-ils être si tôt réunis, eux qui méritaient d'être immortels !

La magistrature lorraine s'honora de leur éloquence, comme de leur amour pour la justice. Pour en résumer l'éloge, l'un et l'autre se montra père du Peuple.

Ces mots tracés sur leur pierre tumulaire resteront une preuve constante de l'affection d'un beau-père et d'une épouse, unis dans leur douleur.

XIV. *Extraits de contrats de mariage de la Maison de Landrian.*

Dans les Lettres-patentes du duc Léopold Ier, et leur entérinement en la Chambre des Comptes du Conseil du Duché de Bar, sont rapportés par ordre de dates, les contrats de mariage qui prouvent la filiation directe des membres de la Maison de Landrian, établie en Lorraine depuis *Johanne-Francesco De Landriani*, jusqu'au dix-huitième siècle, mais très-succinctement. Pour compléter la matière, il devient utile de ne pas omettre diverses particularités qui intéressent ces alliances, degrés par degrés, et qui ne sont pas mentionnées avec leurs détails, dans la généalogie proprement dite.

1573. Jean-Francisque II De Landrian épousa Marguerite Gérard ; « feu noble homme » *Jehan-Francisque De Landrian*, son père, est rappelé au contrat, et par les dispositions entre-vifs de *Jeanne-Françoise d'Urville*, sa femme, il est mentionné une maison située à La Mothe, et concédée par le prince.

1587. René De Landrian. — *Françoise Thouvenel*. Il est stipulé, outre une somme d'argent, fort considérable pour le temps, qu'elle a reçu un trousseau et des meubles, ainsi qu'il appartenait « à fille de sa qualité, et comme a heu sa sœur, Damoiselle *Catherine*, femme du sieur De Roncourt. »

1610. CHARLES DE LANDRIAN. — *Begnigne Plumerel.* Le futur , assisté entr'autres de noble Etienne De Roncourt, seigneur dudit lieu, etc. , sénéchal de La Mothe et Bourmont; de messire Christophe d'Audenet, fiancé avec Damoiselle Renée de Landrian ; la future, assistée de vénérable et discrète personne, messire Jean Plumerel, docteur en théologie et chanoine de La Mothe ; de noble Claude Berget, de noble et religieuse personne Pierre Berget, Prieur commendataire ; d'honoré seigneur Nicolas de Boyer, seigneur d'Orfeuille ; de Jean Sarrazin, seigneur de Germainvilliers, de Claude Du Tissac, écuyer, seigneur de la Rochière ; et de messires Antoine Vernisson et Jean Héraudel [1].

1657-1658. NICOLAS DE LANDRIAN. — *Philberte Tranchot.* L'un assisté par noble Claude Plumerel, Procureur général au Bailliage de Bassigny; de noble René de Roncourt, seigneur dudit lieu et la maison forte de Mattaincourt, seneschal, son cousin ; l'autre, de messire Dominique Tranchot, prêtre, et Jean-Antoine Tranchot, ses frères. En 1658, *Nicolas De Landrian* contracta une nouvelle union avec Damoiselle Marie Choël ; comparurent avec lui Claude Plumerel, seigneur d'Harcourt, son oncle ; René, seigneur de Roncourt, Saint-Remy De Roncourt, écuyer, seigneur d'Aingeville, ses cousins ; messire Charles Héraudel, Prieur de Relanges, aussi son cousin ; et Jean-Baptiste, seigneur d'Aingeville.

1669. GABRIELLE DE LANDRIAN. — *Claude De Mauljean.* Le futur, à l'assistance de noble et scientifique personne, messire Charles Héraudel, premier aumônier de Son Altesse ; et Jean-Claude De Terel, écuyer, ses cousins ; d'autre part, Nicolas De Landrian, écuyer, chanoine de La Mothe ; d'Henry-François De Roncourt, écuyer, seigneur en partie d'Aingeville et de Bethoncourt-sur-l'Amance, et de damoiselle *Michelle De Landrian*, son épouse ; de nobles Jean-Antoine Tranchot et Claude Tranchot ; de noble Claude-

---

[1] Ce dernier est historique par son dévouement lors des siéges de La Mothe, et par sa chronique rimée, qui retrace les malheurs des Lorrains fidèles. Il mourut Conseiller du Duc de Lorraine.

François de Vidrange, écuyer, seigneur d'Harcourt; de noble François Ayne, Lieutenant-colonel, etc.

1708. ERRARD DE LANDRIAN. — *Anne De l'Isle.* Furent présents d'une part, messire Nicolas De Landrian, prêtre, curé d'Outremécourt; de François Dumoulin, écuyer, seigneur d'Aingeville et d'Affleville; de Jean-Paul De Greische, chevalier du Saint-Empire, seigneur d'Hagneville, beaux-frères; de Charles Dumoulin, écuyer, seigneur de Courcelle, cousin-germain; de Gabriel De Laveaux, chevalier, seigneur de Saint-Ouen et Vrécourt, parent; d'autre part, ladite Damoiselle Anne De l'Isle, assistée de ses père et mère, duement autorisée par Antoine Dubois, « Conseiller d'Etat de S. A. R., en sa Cour souveraine de Lorraine et Barrois, Grand réformateur des eaux et forêts de ses Etats, seigneur de Pleaumont et des fiefs de Provenchères et d'Amblain, oncle à ladite damoiselle; de Philippe De Laumosne, écuyer, seigneur de Rocourt, oncle aussi, et encore pour messire De Lettre, seigneur de Riaucourt, cousin, etc.

1735. ANTOINE-FRANÇOIS DE LANDRIAN. — *Elisabeth-Catherine De Sarrazin.* Le futur, assisté de ses père et mère, de Dame Dame Anne Dubois, veuve de messire Charles-Alexis Dubois, vivant chevalier, seigneur de Baroche, sa mère-grande; de messire Jean-Baptiste De L'Isle, chevalier, seigneur de Brainville, Haccourt, etc., et de Dame Dame *Marie-Anne De Landrian*, son épouse, sœur et beau-frère du futur; de messire François Dumoulin, chevalier, seigneur d'Affleville, et de Dame Dame *Claude De Landrian,* son épouse; messire Jean-Paul De Greische, chevalier du Saint-Empire, seigneur de Hagneville, etc., et de Dame Dame *Marie De Landrian*, son épouse, ses oncle et tante; de messire Nicolas Du Bois, chevalier, seigneur De Riocourt, Remoncourt, Baron de Damblain, Conseiller d'Etat de S. A. R. et Maître des requêtes ordinaires de son Hôtel; et messire Charles Du Bois de Provenchères, Prêtre, Prévôt de l'insigne collégiale de la Mothe, transférée à Bourmont, tant en son nom qu'en celui de messire Antoine-Philippe Du Bois, Baron dudit Damblain, capitaine pour le service de S. M. I. dans le régiment de François-Lorraine, ses cousins.

Ladite Damoiselle *De Sarrazin,* assistée entr'autres de messires Jacques De Sarrazin, chevalier ; Jacques-Joseph et Antoine-Léopold De Sarrazin, aussi chevaliers et tous seigneurs de Germainvilliers et d'Aigremont ; de messires Charles Beaudouin, chevalier, seigneur du fief de l'Epine ; Claude De Bonnet, chevalier, seigneur de Villars ; Joseph-Alexis De Lavaux, chevalier, Baron de Vrécourt, tous ses oncles paternels, et de messire Gabriel-François, comte De Lavaux, chevalier, seigneur de Semerécourt, Apremont, capitaine aux Gardes de Son Altesse Royale, son cousin.

XV. *Acte baptistaire de Nicolas De Landrian, fondateur de la cure et de l'église d'Outremécourt.*

« *Nicolas,* fils de messire *De Landrian,* et de Damoiselle Philiberte Tranchot, sa femme, fut baptisé à Gueudreville, le 21 juin 1647, eut pour parrain messire Hector de l'Epine, seigneur de Saint-Ouen, et pour marraine haute et puissante Dame, Madame la Marquise de Lenoncourt, Baronne de Beaufremont. »

(Suivant l'extrait fait et attesté par F. Thouvenot, curé de Gueudreville, le 30 octobre 1749.)

XVI. *Lettre du général, comte Drouot, à l'occasion de la mort de M. le chevalier De Landrian.*

Jean-Baptiste De Landrian, fils d'Antoine-François De Landrian, né à Bourmont, le 2 mars 1741, décéda à Nancy, le 16 octobre 1835, dans sa 95e année. Il était colonel de la garde nationale de Nancy depuis l'organisation définitive en 1817, quand éclata la révolution de 1830. Pour assurer l'ordre, le général Drouot descendit sur la place publique, accompagné de

M. De Landrian, qui revêtit son uniforme à l'âge de 90 ans. La vénération de tous les bons citoyens environnait M. De Landrian, et sa mémoire n'est point éteinte dans celle des honnêtes gens. On peut dire que M. le général Drouot, dans la lettre suivante qu'il écrivit à M. le Baron Du Montet, se rendit en quelque sorte l'interprète de sentiments unanimes.

M. le chevalier De Landrian, entré au service en qualité d'enseigne au régiment d'Infanterie-Dauphin, le 6 mai 1759, se trouva le 1er août suivant à la bataille de Minden ; nommé capitaine-commandant le 1er septembre 1780, décoré de la croix de Saint-Louis, le 16 mai 1782, major au régiment de Bretagne-Infanterie, le 1er mai 1788, il quitta le service en 1791, et reçut du Consulat une solde de retraite. M. De Landrian avait fait sept campagnes, de 1759 à 1762 consécutivement, dans la fameuse guerre de sept ans, contre Fréderic-le-Grand, et celle de 1767, en Corse.

Lettre :   Nancy, le 17 octobre 1835.

    « Monsieur le Baron,

» Je viens d'apprendre, avec une douleur profonde, la mort du respectable M. *De Landrian,* votre oncle. Ce vénérable *Nestor* des armées françaises m'avait inspiré autant de respect que d'attachement. Je le regrette vivement, et je prends une grande part à votre douleur et à celle de votre famille. »

    » J'ai l'honneur d'être, monsieur le Baron, etc.
    » Signé : *Général* Drouot. »

Réponse :

    « Mon Général,

» Si quelque chose est capable d'adoucir la douleur que ma famille éprouve de la perte du patriarche qui lui était si cher, c'est sans doute de vous entendre exprimer avec tant de bonté les regrets que vous lui accordez : « ce vénérable Nestor des armées françaises vous avait inspiré autant de respect que d'attachement, » telles sont vos paroles ! elles élèvent un monument d'honneur au soldat de *Minden*, en 1759, au bon citoyen, à l'homme toujours obligeant, calme, sage et vrai, à l'ami de la paix et de la conciliation, au philosophe pénétré de ses devoirs envers Dieu et envers l'humanité. Nous désirions de la gloire pour les 95 années de la vie loyale de notre oncle — du vieux colonel *De Landrian :* la lettre que vous avez eu la bienveillance de m'écrire hier accomplit ce vœu, veuillez en agréer ma profonde reconnaissance et celle de toute ma famille.

« J'ai l'honneur d'être, etc.

» *Baron* Du Montet, ancien militaire. »

Nancy, le 19 octobre 1835.

On aimera, nous le pensons, à voir réunis dans une même communauté d'idées d'honneur, le vieux soldat de *Minden*, né gentilhomme, le comte Drouot, et le Baron Du Montet, tous ayant tiré l'épée sur des champs divers.

M. le chevalier De Landrian ne laissa point de postérité de son union, comme il a été dit, avec Damoiselle Thérèse-Emerite Du Val.

XVII. *Maison de Pavée, Barons de Montredon, Marquis de Villevieille, etc.*

Sa généalogie, imprimée depuis longtemps, constate ses alliances avec les Maisons les plus illustres du Languedoc et de la Provence. Messire Jean-Raymond De Pavée, marquis de Villevieille, épousa Françoise-Mélanie De La Fare [1], en laquelle s'est éteinte la ligne directe du maréchal De La Fare,

---

[1] De ce mariage vinrent après Charles : 2° Hannibal De Pavée De Villevieille, Commandeur-Bailly de l'Ordre de Malte ; 3° N. De Pavée De Villevieille, auditeur de Rote, puis évêque de Bayonne, seigneur de Marac ; 4° et plusieurs filles.

Philippe-Charles [1], mais non la Maison qui continua de briller. Leur fils aîné, Charles, marquis de Villevieille, se maria à Louise-Françoise Viel De Lunas, fille de messire Antoine Viel De Lunas, Baron Du Pouget (dont la postérité existe en la personne de M. Viel De Lunas, marquis d'Espeuilles, sénateur, etc.); et de Marie-Thérèse De Lauris Castellanne, sœur du marquis De Montcalm, commandant en chef les troupes françaises dans l'Amérique septentrionale, et tué en 1756, devant Québec, au Canada.

De ce mariage fut issu Louis-François-Jean De Pavée, comte, puis marquis De Villevieille, lequel s'unit à Henriette-Hélène-Aymée de La Boutetière [2] De Saint-Mars; dont la mère, Adelaïde, comtesse De La Fare, était sœur du comte De La Fare Venejean, maréchal de camp, etc. [3], et du cardinal Duc De La Fare, évêque de Nancy, puis archevêque de Sens, Commandeur des Ordres du Roi, Ministre d'Etat, Pair, etc., l'un des cardinaux parrains du Roi, lors du sacre de Charles X, et choisi par ce monarque pour prononcer le discours en cette solennité. On sait qu'il avait aussi prononcé le discours d'ouverture lors des Etats généraux, en 1789.

De cette union est issue Blanche-Henriette-Radegonde-Julie-Hedwige, mariée en 1854 à M. Jean-Baptiste *René De Landrian*, des comtes et marquis de Landriani, XI° degré de sa Maison.

XVIII. *Alliances de la maison de Sarrazin.*

Amprône de Sarrazin, fille d'honoré seigneur Jean de Sarrazin, écuyer, seigneur de Germainvilliers, et d'honorée dame Marguerite Dehée, épousa

---

[1] Marquis, chevalier de la Toison d'or, commandeur des ordres du Roi, chevalier d'honneur de l'Infante d'Espagne, etc.

[2] Ancienne Maison du Poitou.

[3] Marié avec Mlle De Caraman, Dame d'honneur de la Comtesse d'Artois.

honoré seigneur François de Montarby, écuyer, seigneur de Freville, le 22 février 1634.

Elisabeth-Catherine de Sarrazin de Germainvilliers, épousa messire *Antoine-François de Landrian*, chevalier, seigneur d'Alarmont, le 11 novembre 1735.

Barbe de Sarrazin laissa de son mariage avec messire Claude Simonet, chevalier, seigneur de Vougécourt, entr'autres enfants, Marie-Thérèse, mariée à messire Jean-Baptiste-René-Adrien, baron de Tricornot, le 11 juillet 1774.

FIN.